Amor + odio

Hanif Kureishi

Amor + odio

Relatos y ensayos

Traducción de Mario Amadas

EDITORIAL ANAGRAMA
BARCELONA

Título de la edición original:
Love + Hate
Faber & Faber
Londres, 2015

Ilustración: © lookatcia

Primera edición: noviembre 2021

Diseño de la colección: lookatcia.com

ISBN: 978-84-339-6476-2
Depósito Legal: B. 16728-2021

Printed in Spain

Romanyà Valls, S. A., Sant Joan Baptista, 35
08789 La Torre de Claramunt

Para Sachin Kureishi

VUELO 423

La azafata le trajo a Daniel una copa de champán y unos frutos secos. El champán no era bueno, pero le aligeraría el espesor de cabeza y reduciría su irritabilidad. De pie, se lo tomó de un trago y le alivió dar su chaqueta a la sonriente azafata y quitarse los zapatos, para acomodarse en su asiento poco antes de que su avión abandonara la puerta de embarque. Sabía que la gente con dinero de verdad iba en privado. Aun así, no te daban este servicio en un autobús. Disfrutaría de una relajante, momentánea pasividad. Le había costado años conseguir esa situación de reposo; la aprovecharía al máximo, sobre todo después de lo que le había pasado.

Se había retrasado al ir al aeropuerto desde el hotel. Viajaba a menudo, y se había convertido en una costumbre, en el vuelo de vuelta a casa, entretenerse con varias bebidas, la comida y los periódicos en la zona sin objeto de la sala de espera de Primera Clase. Pero había salido de una reunión terrible, su chófer se había retrasado y había un atasco en la carretera al aeropuerto. La seguridad del aeropuerto –o «inseguridad», como decían sus hijos adolescentes– había sido lenta e invasiva. Aunque siempre veía las noticias al menos dos veces cada hora, se preguntaba si había habido algún incidente del que no hubiera oído nada. En el pasillo de seguridad –un cobertizo sudoroso de cintas transportadoras que hacían pasar maletas, ropa y zapatos por delante de los monitores– había tenido que ver cómo se desvestían unos desconocidos antes de quitarse su propia ropa, a excepción de la camiseta y los pantalones. Le hicieron meterse en una máquina de rayos X para que el personal de seguridad pudiera inspeccionar sus órganos, por miedo a que estuviera escondiendo material tóxico en el corazón o en los riñones.

Por fin se pudo relajar. Pronto comería. Habría más bebida. Vería una película, pero tenía que dormir. Para asegurarse, se había traído sus pastillas. Al final de su día de trabajo, dos horas después de que el vuelo de siete horas aterrizase en su ciudad natal, tenía que ir a una reunión a la que asistirían al menos diez personas. Tendría que repasar sus notas y prepararse. Realmente necesitaba sentirse fresco. Habría un chófer en el aeropuerto sosteniendo un letrero con su nombre. Esperaba que el coche fuera silencioso, con los vidrios tintados. Se hundiría en sí mismo, con los auriculares puestos para evitar el ruido de la calle. Si le daban luz verde a su último proyecto de documental, él y su empresa podrían sobrevivir otros dos años. De lo contrario tal vez tendría que cerrarla, despedir a los empleados y encontrar otro trabajo, siempre, claro, que hubiera alguno. A sus cincuenta y tantos, puede que tuviera que enfrentarse a una larga inactividad. Muchos de sus amigos empezaban a relajarse, mudándose al campo y trabajando menos, pero su situación nunca sería tan holgada.

En la puerta de embarque le habían informado de que el vuelo iría lleno. Cuando subió, antes de ir hacia la parte delantera del avión, echó un vistazo a la clase turista y vio

10

que, en efecto, todos los asientos estaban ocupados. Mirando las hileras de caras, había sentido una oleada de claustrofobia: cientos de desconocidos obligados a estar juntos —oliéndose, tocándose y mirándose los unos a los otros sin proponérselo— mientras iban sentados en un tubo estrecho lanzado por los aires a una velocidad fantástica. ¿Por qué se iba a preocupar? Había volado cientos de veces; no era diferente a ir en metro y, al llegar, no volvería a pensar en ello.

El asiento que había reservado estaba en la segunda fila. Su parte del avión era más sosegada, pero tampoco era el paraíso. En el asiento de delante había una mujer dándole de comer a su bebé. Al otro lado del pasillo había un hombre de treinta y pocos leyendo el periódico, probablemente el padre de la criatura. El niño se reía y gorjeaba. Con dos críos que tenía, Daniel era consciente de lo rápido que podía cambiar el humor de un niño.

La azafata le volvió a llenar el vaso. A su izquierda se sentaba una mujer inteligente de unos cuarenta y pocos. Vestida de negro, tenía un pelo caro: teñido con mechas y reflejos claros. A sus pies había una caja. La observó mientras ella la abría y sacaba un perro de cara arrugada y nariz chata que estornudó y le miró. Le sorprendió y le inquietó un poco. Nunca había visto un perro en un avión. ¿Estaba permitido? ¿Y si ladra e intenta morderle? ¿Y si se caga?

Echó una mirada a los otros pasajeros por si se habían dado cuenta. Detrás de la mujer del perro había un tipo delgado pero ancho de pecho, posiblemente español o italiano, vestido con ropa de deporte, con una gorra de béisbol que le tapaba la frente y unos auriculares blancos en las orejas, como alguien que no quiere que lo reconozcan. Daniel le clavó la mirada y lo identificó: era un conocido futbolista. Daniel se alegró; podría impresionar a sus hijos y a sus amigos si, cuando estuviera dormido, le hacía una foto.

La mujer del perro se había puesto al animal en la falda y daba la impresión de que le hablaba. Cuando la azafata pasó por su lado, Daniel le señaló al perro, pero ella se limitó a encogerse de hombros y le trajo otra copa. Si quería cualquier otra cosa, solo tenía que pedirla.

El niño chilló durante el vuelo y el padre se negó a enfrentarse a la mirada de reproche de Daniel. El perro durmió contra el pecho de la mujer y no ladró ni se cagó. La azafata y sus compañeras empujaban un carrito con relojes, bolígrafos, aparatos electrónicos y perfumes. Eran baratijas para incautos; pensó en el sótano de su casa, lleno de cosas desechadas que le habían costado dinero. Y estaba arruinado, lo cual quería decir que se gastaba todo lo que ganaba. Pero el alcohol lo volvía inteligentemente temerario. El dinero iba y venía; se preocupaba y lo contaba y fantaseaba con tener más, pero nada cambiaba demasiado. Le gustaba decir que él era seguro, y a la vez inseguro, como el mundo.

Pensó en comprarles algo a los niños y a su mujer pero se durmió. Horas después, mientras se acercaban a la ciudad, empezó a recoger sus libros y sus papeles. Les dijeron que habría un retraso de quince minutos por la congestión.

Daniel ya había previsto eso; se había asegurado de que su asistente le hubiese dejado tiempo suficiente como para llegar a la reunión. Esperaba no tardar demasiado en recoger sus maletas e irse del aeropuerto. Sin embargo, treinta minutos después les informaron de que habría otro retraso. Estaban a la espera de aterrizar y tendrían que sobrevolar la ciudad. Estaba impaciente, pero tenía que admitir que la ciudad se veía preciosa mientras la sobrevolaban: imperial, rica y culta con sus bancos, iglesias, galerías y parques, y la centelleante sierpe de su río, tachonada de diamantes, cruzándola. Le encantaba esa vista, pero no tanto como para verla cuatro veces.

Cuarenta minutos después, otro aviso: no eran buenas noticias. Había habido un apagón informático en tierra y los aviones, por el momento, no podrían aterrizar. Se extendieron las quejas. La gente suspiraba y maldecía y tamborileaba con los pies. Daniel le preguntó a la azafata cuánto era «por el momento», y recibió un encogimiento de hombros por respuesta.

Mientras daban vueltas por encima de la ciudad vio cómo oscurecía. *Su* azafata le trajo más copas, y no le gustaba rechazarlas por miedo a que eso la impulsara a ser negativa. Ella le dijo su nombre, Bridget, y le trajo otra copa. No sabía lo borracho que estaba, pero no era suficiente. Se advirtió a sí mismo de que tenía que ir con cuidado. Aún podían bajarse del avión en treinta minutos, y tenía una reunión a la que asistir, donde se iban a tomar decisiones importantes. Pero había algo en el hecho de estar atrapado en el espacio impersonal de un avión, como en un hotel o en un hospital, que lo podía volver a uno irresponsable, por no decir sobrexcitado.

Después de una vuelta más por la ciudad, se encendió la señal de abrocharse el cinturón y el capitán les dijo a los pasajeros que volviesen a sus asientos. Los que estaban de pie se dieron prisa mientras el avión se sumergía y temblaba en el viento. Esa turbulencia animó a Daniel. Habrían entrado en otro tramo despejado de cielo. Estaban descendiendo y todo iría bien. Bebió un poco de agua y movió la cabeza para aclararse.

Después de otro aviso sobre el presente retraso, Bridget se acercó a decirle que la avería no estaba arreglada del todo. Y que, cuando lo estuviera, aún tardarían un rato en bajar debido a las docenas de aviones delante de ellos que llevaban horas dando vueltas.

Pasaba el tiempo y otros pasajeros se inquietaban y protestaban porque iban a perder el enlace y no llegarían a sus citas. Él no llegó a su reunión; a los que esperaban les quedaría claro cómo y por qué. Ya ni siquiera estaba molesto, y dejó de escribir airadas cartas de reclamación en su cabeza. Qué poco tiempo, en este mundo actual, le reservaba a la contemplación. Así que se puso a contemplar: le conmovió lo indefenso que estaba, y lloró un poco ante la idea de sus hijos haciendo los deberes en la mesa de la cocina o en sus habitaciones, y la de su mujer desde hacía tres años diciéndoles a sus hijastros que no se preocuparan, que su padre volvería pronto. Era importante que viera a sus hijos. Se irían al colegio por la mañana; tardarían otras dos semanas en volver. Y ahora que por fin se sentía amado, anhelaba los frecuentes besos de su mujer; se le ocurrió que los amados y los no amados son especies diferentes.

Hubo otro aviso, esta vez de la reconfortante voz del capitán. Unos ingenieros se estaban ocupando de la avería, que había hecho cerrar muchos aeropuertos. Los pasajeros no tenían por qué preocuparse, los arreglos iban bien. Faltaban unos noventa minutos para aterrizar y, mientras tanto, se animaba a los pasajeros a que se relajasen, disfrutasen del resto del vuelo y volviesen a escoger esa compañía aérea.

Bridget le trajo un bloody mary a Daniel, y, contestando a su pregunta, se rió y dijo que no tenía ni idea de si había sido un ciberataque terrorista o no, pero le parecía improbable. Daniel se tragó otra película y pensó en sus amigos cenando; imaginó sus casas, su conversación, su comida y el modo en que ignoraban la futilidad por la que

14

estaba pasando. Para evitar ponerse demasiado sensiblero, se tomó otra pastilla, vio cómo la ciudad se iba oscureciendo y se encendían las luces, se dio la vuelta e intentó dormir. Al despertar estarían ya en tierra y se iría directo a casa. La reunión se volvería a concertar. El mundo era el mismo infierno, pero la mayoría de los infortunios le pasaban a otra gente.

Estaba oscuro cuando se despertó a las tres y media de la mañana, muerto de sed, hambriento y dolorido. Pese a estar en la zona lujosa del avión, se sentía como si hubiera dormido en el banco de un parque; la crucifixión habría sido preferible. Algunos pasajeros se movían por el avión, pero el personal estaba ausente; durmiendo, supuso. Bebió un poco de agua. Este era el retraso aéreo más largo por el que había pasado.

Debió de volverse a dormir, porque lo siguiente que oyó fue algún tipo de alboroto. «Oye, ¿qué te crees que estás haciendo?», dijo alguien. Detrás de él se alzaban otras voces, y un repiqueteo de asentimiento. «Páralo, páralo», dijo otra persona. «¡Llama al capitán!» ¿Qué estaba haciendo ese hombre?

Daniel se dio la vuelta para ver y se levantó con intención de acercarse.

No había ninguna resistencia al levantamiento que parecía estar produciéndose. Un hombre enorme con la cabeza grande a quien Daniel había visto antes al final del avión se había levantado de su asiento. Con el torso apenas cubierto por una camiseta con manchas de sudor, y débilmente sostenido por sus piernecitas, el hombre había abandonado su asiento en medio de la fila y se movía con determinación por el pasillo, agarrando los reposacabezas a su paso, hasta embestir la cortina y pasar a la zona separada de Clase Preferente. Se derrumbó en el asiento vacío

15

de detrás del futbolista, agarró el mando que convertía el asiento en cama, se giró y se durmió haciendo ruidos.

Los pasajeros en la sección de Daniel –aparte del futbolista, que no miraba a nadie– cruzaban miradas unos con otros. Daniel desvió la suya: se daba cuenta de que lo horrible era la idea de que esa gente antaño anónima podía volverse real, e incluso podía empezar a importarle un poco. Tendría que perder su superioridad, hasta su desdén, por el bien de un intercambio solidario con desconocidos.

«Bueno, bueno», dijo, mirando al hombre enorme que roncaba. Sin la colaboración del robusto centrocampista, ¿quién se atrevería a moverlo o a discutir con él? ¿Quién tenía el poder o la voluntad? Bridget y sus compañeros, que aparecieron en escena, solo miraron, antes de volver a la cocina del avión. Daniel regresó a su asiento y miró hacia delante. Era un punto de inflexión: habían atacado a las barricadas, el Muro de Berlín se había agrietado y nada sería lo mismo en esa prisión en el cielo.

–Oh, Dios –dijo–. ¿Quién nos ayudará?

–¡Nadie! –dijo la mujer del perro–. ¡A nadie le importa! Nos han olvidado.

–Lo dudo –dijo Daniel–. ¿Cómo te puedes olvidar de un avión?

Bridget se inclinó sobre él y le dijo:

–Duerme un poco, si puedes. Aún estaremos un rato por aquí. Está costando averiguar qué está pasando.

Mientras hablaba, él le tocaba el brazo, y ella no lo apartaba. Desde que se había casado por segunda vez había sido fiel a su amante, amiga y esposa, como prometió. Pero aquí igual podría hacer una excepción. Se rió: qué tontos les hacía parecer todo esto.

Se bebió un par de cervezas, Bridget le tapó y lo acurrucó, y consiguió desmayarse. Pero luego, pese a sus esfuerzos, no tuvo más remedio que despertarse. Estar consciente ya no era una bendición. Entonces hubo más día, y todo lo que tenía delante había cambiado.

La cocina del avión estaba llena de pasajeros de la parte de atrás, encorvados y concentrados. La zona se parecía a la puerta trasera del supermercado local de Daniel, donde los vagabundos se reunían alrededor de las basuras para coger la comida que nadie había querido. Los pasajeros inspeccionaban los cajones y los armarios, cogían las barras de pan, agarraban las botellas de agua, discutían por la fruta y se guardaban la comida que podían cargar en la ropa. Reparó en que él mismo tenía hambre, pero aún no estaba preparado para pelearse por una manzana.

Daniel subió la persiana de la ventanilla que tenía al lado y vio que volaban más alto que antes y que, posiblemente, seguían haciéndolo en círculo. Atisbó otros tres aviones a distancia pero no veía la tierra. Estaban a plena luz del día, pero ahora en el avión hacía aún más frío. La boca le apestaba a cosas quemadas; tenía el estómago vacío. Encontró a su lado una botella de agua llena, de la que sorbió subrepticiamente y que luego escondió, por miedo a que alguien la viera.

Se había aguantado todo el tiempo que había podido, pero ya le tocaba volver al lavabo. Trató de ir a la parte de atrás del avión a estirar las piernas y ver en qué condiciones estaba. Tardó su tiempo; pisaba con cuidado. Había cabezas, manos y pies dispersos por todas partes, como si alguien los hubiera arrojado por el suelo. La gente dormía en los pasillos, liberando espacio para que otros pudieran tumbarse en los asientos. Daniel tropezó y cayó sobre alguien que le pegó en el costado; cuando intentó levantarse, le golpearon otra vez. «¡Eh!», gritó. «¡Ve con cuidado, que soy una persona!» Era una escena de refugiados desesperada, un montón de humanidad apenas vivo, con ruidos de gruñidos y quejas. La gente le pedía comida al pasar. Uno se encendió un cigarrillo. El techo parecía estar goteando pero no entendía por qué.

Le sorprendió, al llegar al final de lo que se había convertido en una pocilga voladora, que hubiese un lavabo libre con la puerta entornada. Al abrirla vio que la taza estaba desbordada de excrementos. Hasta había heces en las paredes. Tuvo arcadas, se cubrió la cara con el jersey y zigzagueó de vuelta a Preferente.

Llevaban ya dieciocho horas más de lo esperado en el avión. Bridget estaba sentada en su pequeño asiento con la cabeza en las manos. La mujer del perro se había tapado la cabeza con una manta, el perro tosía y gimoteaba a sus pies, y el futbolista, que no se había quitado la gorra, estaba sentado con la boca abierta, sin parpadear, y con la vista fija al frente. La pareja y el bebé estaban dormidos. El lavabo en Preferente no era muy distinto del lavabo de la otra punta del avión. Recordó que alguien le había dicho que lo que daba la medida de una civilización era la manera que tenía de deshacerse de sus excrementos. Se tapó la nariz, se bajó los pantalones y cagó en el suelo como todos los demás; luego se limpió el culo con la revista del avión, algo que siempre había soñado con hacer, y tiró el papel junto al montón de cosas.

Encontró un frasco de perfume en el suelo. Habían saqueado el carrito de los regalos. No quedaba nada: las cajas vacías estaban tiradas por ahí, y Daniel, siguiendo el ejemplo de otro pasajero, tomó la sabia decisión de bañarse en perfume.

Se subió las perneras del pantalón, y se estaba frotando algo llamado Glory en los gemelos cuando el futbolista se levantó y caminó lentamente hasta el lavabo. Tuvo la misma reacción inicial que Daniel, subirse y bajarse la gorra en señal de preocupación, antes de girar bruscamente la cabeza con asco. Al ver esto a Daniel se le ocurrió que debían estar metidos en un gran lío si el club de ese jugador de fútbol había dejado a alguien como él colgado en el aire. Ese pedazo de carne costaba millones de libras, mucho más que el resto de los pasajeros juntos.

Estaba de pie en el pasillo, donde Bridget se apoyaba contra el mostrador junto a sus compañeros de trabajo. Su sonrisa profesional había desaparecido, tenía la cara contraída y los labios resecos. Aquí nadie buscaría su reflejo.

Ella nunca había vivido algo así, y tenía la intención de jubilarse cuando volviesen. El aire se había vuelto demasiado peligroso. No era exactamente que estuvieran poco seguros. Por la noche el avión había repostado; las autoridades no podían dejar que cayera sin más del cielo sobre la ciudad o el mar. Imaginaba que el motivo por el que no podrían usar otro aeropuerto o aterrizar en otro país era porque el virus informático se había extendido. Tal vez otro avión se había estrellado en alguna parte al aterrizar, dejando la pista inservible. De todos modos, Bridget no había perdido su costumbre de reconfortar: no había duda de que aterrizarían al día siguiente cuando se hubiera restablecido el servicio normal.

–¿Cómo lo sabes? –preguntó él.

–Tiene que ser cierto –respondió ella–. ¿No? Si pueden hacer un ordenador, tienen que poder arreglarlo.

Dijo que le había conseguido algo. Vigilando que nadie pudiera observarles, le pasó un rollo envuelto en film transparente. Este sí que era «el último». Después de eso tendrían que «hacer dieta». No había comido carne en veinte años, pero le sonrió y le dio las gracias por el minúsculo rollo de jamón rancio. Era eso o nada.

Mientras masticaba, incluso a medida que notaba el sabor subiendo por su garganta, vio que una señora mayor de la parte de atrás del avión se bamboleaba por el pasillo. Supuso que iría al lavabo, pero se paró junto a su asiento, recolocó y ahuecó el cojín, y luego sacudió su manta rugosa. Estaba a punto de sentarse en su asiento. Preferente estaba llena de otros pasajeros que, siguiendo la rebelión del hombre enorme, habían venido de la parte de atrás del avión.

Se dio prisa para llegar a su sitio y se deslizó de lado bajo el brazo de la mujer justo antes de que esta pudiera sentarse, susurrando: «Lo siento mucho, pero tengo la espalda mal», mientras ella le atacaba en un idioma que no entendía. No se atrevió a mirar a la decepcionada mujer por miedo a que lo abroncara, y miró tristemente por la ventanilla hasta que dejó de suplicarle. Este asiento, pensó, es lo último que tengo y aquí me quedo.

Se inclinó un poco hacia la mujer del perrito. Cuchicheaba: «Encuéntrame, encuéntrame, encuéntrame», y él le dio una parte pequeña del rollo, que la mujer metió en la devoradora boca del perro. «Gracias.»

Llegó la noche por segunda vez. Daniel caminó un poco, pero sin alejarse mucho de su asiento, por miedo a que alguien se lo robara. La ley, o incluso la decencia, ya no tenían cabida en esa zona de excepción. Orinaba en botellas de agua vacías y las echaba detrás del asiento; cagaba en las bolsas para vomitar y las tiraba en el lavabo. Excremento y orines se filtraban por el pasillo; el aire era fétido; respirar, una agonía. Se moría por un poco de brisa. Le sorprendió lo rápido que se habían deteriorado las cosas, y lo delgada que era la membrana que separaba la civilización del infierno.

El tiempo fue pasando, como suele hacer, hasta que en mitad de la noche pasó algo interesante cuando el capitán, flanqueado por una azafata exhausta por seguridad, salió de su cabina una vez más para estirar las piernas y hacer algunas posturas de yoga. Tanto su uniforme como el de su azafata estaban mugrientos. Al principio de esta catástrofe, los pasajeros habían acudido al capitán con esperanza y expectativas, pensando que él tendría un conocimiento especial de cómo iban las cosas por ahí arriba. Murmuró algunas palabras. «Estamos trabajando en ello. Hacemos todo lo posible, pueden estar seguros de que toda la empresa está trabajando día y noche para sacarnos de aquí. Ahora mismo, estamos perfectamente seguros, si bien algo incómodos. Por favor, permanezcan en sus asientos, tengan paciencia y les llevaremos a tierra.»

Al verle, los pasajeros se apresuraron a llegar a la parte delantera para escucharle en grupo. Pero cuando vieron la cara lívida del capitán no le escucharon ni un minuto antes de gritar: «No sabes nada, gilipollas. ¿Por qué mientes? Eres un idiota asqueroso, un imbécil total, chusma», y así hasta que se escabulló hacia su cabina y cerró la puerta con llave.

Como el capitán tenía poco que decir, por el avión circulaban muchas explicaciones realistas y fantásticas. La ciudad se había venido abajo irrevocablemente, su sistema cibernético había sido destruido y habían muerto miles de personas; el avión había sido «secuestrado» por terroristas, que estaban usando a los pasajeros en sus negociaciones secretas: algunos de ellos serían intercambiados por prisioneros de alguna parte; la Tierra había sido parcialmente destruida por un asteroide. Su suerte había sido cosa del «destino», oía a menudo; la frase más cansina de todas era la de que lo suyo había sido «voluntad de Dios». Pensó: la tragedia nos da una excusa para toda esta cháchara. Su idea –que colgaban del escupitajo de un lagarto gigante– no hubiera sido muy popular.

Muchos pensaban que ya estaban sentenciados. Habían atravesado una tormenta; el avión había sido arrojado al vacío; los relámpagos destellaban a su alrededor. Daniel vomitó varias veces, aunque no tenía nada en el estómago. No tenía ni idea de cómo los demás pasajeros podían hacer esos ruidos tan horribles. La gente gritaba: «¡Cállate, por favor!», pero no importaba nada.

Estaba tumbado, semicomatoso, ni despierto ni dormido, cuando oyó otros ruidos. Al incorporarse vio que habían puesto una manta alrededor del asiento del futbolista. El futbolista era la única persona del avión que no se quejaba ni hablaba, pero ahora estaba copulando. Daniel se movió lo suficiente como para ver que era con Bridget con quien copulaba. Sus empujones y sacudidas hicieron que se cayera la manta, y Daniel vio que a Bridget se le veían los pechos y que el hombre se había bajado los pantalones hasta las rodillas. Menuda historia para los niños cuando volviese a casa.

Bridget se levantó y volvió a la cocina del avión. Daniel cerró los ojos, pero tenía al futbolista delante.

–Eh –dijo–. ¿Me estabas mirando?

–¿Mirando el qué? –dijo Daniel.

–No lo vuelvas a hacer –dijo el futbolista.

Se acercó y agarró a Daniel por el cuello.

–¿Tienes algo de agua?

–Solo me queda un poco.

–Dámela.

Daniel encontró su botella escondida bajo el cojín de su asiento y se la dio al centrocampista. El futbolista se acabó el agua, aplastó la botella y se la devolvió.

–Si encuentras más, me la traes.

–Sí –dijo Daniel, pensando: «No me encontrarán en el fondo del mar cogiéndote de la mano.» No era el momento adecuado para pedirle un selfie.

Se sentó en su asiento, tapado con una manta sucia durante un rato, antes de aventurarse, amedrentado y encorvado, en la cocina, donde le sorprendió descubrir que ahora tenía el aspecto de un mendigo.

–Por favor, Bridget, ¿hay algo más para comer? Es lo único que necesito saber. Puedes decírmelo. Pero susurra, por favor. ¿No has encontrado nada de nada?

Ella negó con la cabeza.

–Aquí arriba nos hemos quedado sin nada, incluida el agua. Pero no tardaremos en bajar.

–¿Cómo lo sabes? –preguntó él.

–Lo noto –dijo ella.

–Gracias –dijo, y añadió–: Acuérdate de mí si encuentras algo.

Mientras seguía la repetición infinita durante horas en la oscuridad, había mucho jaleo, aullidos y disputas por cosas pequeñas como el poco alcohol que quedaba, las manzanas, y por ver a quién le tocaba tumbarse en el suelo y quién podía intentar hacer ejercicios en ese espacio tan limitado. Hasta hubo una pelea despiadada cuando una mujer le agarró el pelo a otra y trató de aplastarle la cara contra el fuselaje. Daniel se preguntaba si alguien tendría que introducir algo de civismo o hasta de democracia en esos no-lugar y no-tiempo. De todos modos, aparte del futbolista malhumorado, todos hablaban con todos, y había una mínima organización. Una pareja de la parte de atrás del avión trajo comida para el bebé –y otros también lo hicieron– que los padres aceptaron agradecidos, dado que la mujer se había levantado varias veces, gritando: «¡Mi hijo va a morir..., va a morir!»

El desespero y la lasitud se habían generalizado –el perro se había acomodado en el reposapiés de la señora del perro, completamente quieto; el futbolista se había quitado la gorra para golpearse la cabeza contra el respaldo del asiento de delante–, pero todo lo que tuviera que ver con el tipo enorme era dramático. Si al principio del viaje había parecido terco, a esas alturas era insufrible. Le había estado diciendo a la gente a su alrededor que la situación era «demasiado» y que estaba «harto». Eso se le habría pasado por la mente a mucha gente en el vuelo. Si de alguna manera el mundo había desaparecido, mientras que ellos eran eternos, el suicidio era buena idea en esas circunstancias.

Era casi por la mañana cuando el tipo enorme se clavó el cuchillo de la cubertería en el pecho, sin conseguir una obra enteramente satisfactoria: el cuchillo tenía que adentrarse en el cuerpo unos cuantos centímetros más. Uniéndose a la multitud reunida a su alrededor, Daniel le vio ahí sentado con la boca abierta y con la hoja erecta sobresaliendo de él. Aún tardaría un tiempo, pero se desangraría. En ese momento el tipo enorme estaba intentando ponerse de pie y –aun en esas condiciones– empezó a tambalearse hacia el final del avión, anunciando: «Yo me largo de aquí.»

–¡Suerte! –gritó alguien–. Cierra la puerta al salir.

–¡Aguanta la puerta! –chilló otro–. ¡Yo también voy!

Mientras se alejaba del hombre, Daniel tropezó y casi se desplomó sobre el detritus que había en el suelo. Se había acostumbrado tanto a la trayectoria tranquila de ese avión desarraigado, que volaba en círculos, que le sorprendió notar que se inclinaba y ascendía. Se sentó y subió la persiana de la ventanilla. Era pronto por la tarde y parecía que volvían a ir en dirección a la ciudad. Los motores aceleraron. Seguro que aterrizarían pronto. Habían sufrido, pero todo iría bien; huiría del avión y caminaría otra vez sobre la tierra. Se alegraría de ver a todo el mundo; a ellos igual también les aliviaría verle a él. Vaya lección de amor que había sido eso.

El avión se ladeó, y se elevó. Parecía que ahora tuviese un propósito. Hubo un momento de cegadora luz del sol, y se tapó los ojos. Cuando el avión se enderezó y él volvió a mirar abajo, vio el extrarradio y una autopista que lo cruzaba; el tráfico era fluido. El avión siguió esa carretera hasta que Daniel vio campos. No tardaron en llegar a la costa. Al poco había una playa con lo que parecían insectos cruzándola, y pronto estaban yendo mar adentro.

Se estaban alejando de la Tierra. Ahora creía entenderlo. Había algún trastorno en el mundo que tenían que dejar atrás. Como algo parecía estar sucediendo y notó que estaba sentado con los pies en un mantillo húmedo, decidió que ya tocaba ponerse los zapatos. Estaría preparado. Giró uno de los zapatos y vio que había una piedrecita en las ondulaciones de la suela. La sacó y la sopesó, mirándola en la palma abierta de la mano. Era redonda como la Tierra y suave como una perla.

LA ANARQUÍA Y LA IMAGINACIÓN

He coleccionado libros del tipo «Aprende a...» sobre la escritura desde que era adolescente. Ocupan toda una estantería, y hace poco buscaba algo de material sobre trama, estructura y narración –el aspecto técnico de la escritura–, por si encontraba algo nuevo. En todas partes y a todas horas hay cursos sobre estas cosas, y, como profesores de escritura, hay preguntas que siempre nos hacen: sobre el «arco narrativo» y el «viaje», o «¿Cómo haces que funcione la estructura?», o «¿Qué es un buen diálogo?». Son preguntas aburridas, y aburridas son las respuestas. Profesor y alumno interpretan su papel a la perfección; se ocupan de que todo sea bien rutinario, hablando solo de cosas que se pueden enseñar, o quizá aprender. Al ser mortificada de esta manera, de todos modos, la cuestión principal del arte se vuelve manejable. Pero está claro que falta el elemento más importante.

Si piensas en los grandes de verdad –en, digamos, el *Frankenstein* de Mary Shelley, o el *Doctor Jekyll y Mister Hyde* de Stevenson, o el *Dorian Gray* de Wilde, o tal vez en el gran cuento «El nadador» de John Cheever, o en *La metamorfosis* de Kafka, o en cualquiera de las obras de Carver, o en un poeta, como Plath–, tienes que empezar a pensar en la brutal inverosimilitud, atrevimiento y brillantez de la idea o metáfora del artista en lugar de en el orden de los párrafos. Cuando pienses en esto tienes que pensar en la imaginación y en cómo funciona, de dónde puede venir y adónde te puede llevar. Te has metido en un lío muy útil.

La mayoría de la gente siempre tiene buenas ideas, pero prefiere no fijarse en ellas. Sin embargo, los autores citados encontraron soluciones a los conflictos que les molestaban o incluso atormentaban, conflictos que en su momento les parecerían agujeros o imposibilidades, y que con el tiempo exigieron un salto creativo hacia una nueva forma de ver. Sus imaginaciones eran transformativas, un ir más allá, que requería que se creara algo nuevo de lo viejo, que luego se unía en combinaciones chocantes y rupturistas que aún hoy día resultan frescas.

Puede muy bien darse el caso de que un conflicto insoportable lleve a la depresión o a odiarse a uno mismo. Podríamos decir que la depresión es «el fracaso de la imaginación», un rechazo autosaboteador a pensar en una solución creativa o a mirar hacia delante. Este tipo de conflictos también puede producir arte, en el que la obra en sí representa la «imposibilidad». En *La metamorfosis,* la obra maestra de Franz Kafka, el protagonista, Gregor Samsa, descubre un día al despertarse que se ha convertido en un escarabajo pelotero. Esto ilustra, entre otras muchas cosas, la relación de Kafka con su propia familia, y demuestra su capacidad para emprender un vuelo imaginativo desde su propio *impasse,* y cómo un sacrificio altruista puede beneficiar a toda la familia. Kafka estaba pensando en la urgencia de su vida. No podía hablar de ello, y no podía *no* hablar de ello. Tampoco podía cambiar su vida; era demasiado masoquista para eso; solo escribía. Ser verdaderamente transgresor con nuestras propias normas es una de las cosas más difíciles que hay. Sin embargo, el editor interno de Kafka le hizo inventivo; su crisis le provocó una metáfora, escribió un cuento y trasladó esa dolencia al lector, para que quizá cambiara nuestras vidas. Kafka llegó a un acuerdo precioso, al menos desde el punto de vista de la historia literaria.

Románticos como Wordsworth o Coleridge sabían que la imaginación era peligrosa como la dinamita, no solo políticamente –la gente puede tener ideas nuevas e importantes, disidentes–, sino también en el interior de un individuo. La imaginación puede parecer desorden, cuando es, de hecho, una iluminación. No cabe duda de que la imaginación sí es peligrosa, y debería serlo; algunos pensamientos son inflamables, y hay que reprimirlos o expulsarlos. El bien y el mal, como en una mala película, tienen que ir separados. Hay algunas ideas aquí que no se pueden concebir o pensar del todo, que no se pueden juntar, que no se pueden fundir, desarrollar ni parecer ambiguas. Eso es porque, como soñar, la imaginación puede ser antisocial. Platón hubiera prohibido el arte en su estado ideal por falso, o porque era una «imitación», como decía él, y podría sobrexcitar a la gente. Y sabemos, claro, que a lo largo de la historia artistas y escritores han sido atacados, censurados o encarcelados por tener pensamientos o ideas que otra gente no soportaba siquiera escuchar. Desde este punto de vista, la Palabra siempre es arriesgada. Así tendría que ser.

La imaginación rara vez se porta bien. Se puede ignorar o censurar, pero no se puede acabar del todo con ella solo con pretenderlo. Tal pretensión sería un error porque, al contrario que la fantasía, que es inerte e inmutable

29

–en la fantasía tendemos a ver siempre las mismas cosas–, la imaginación representa esperanza, renacimiento y una nueva forma de ser. Si la fantasía es un retorno a lo ya sabido y familiar, podríamos decir que una inspiración es un repentino desvelamiento de una parte de uno mismo, algo recién visto o entendido. Emerson, que nos dice en «Compensación» que «el crecimiento viene por estallidos», escribe, en «Naturaleza», otro ensayo, que «los mejores momentos de la vida son estos deliciosos despertares de los poderes superiores».

Uno de mis alumnos me dijo que leía libros para tener «más ideas sobre la vida». Se diría que la imaginación es una habilidad esencial, y que se puede desarrollar y perseguir. Es tan necesaria como el amor, porque sin ella estamos atrapados en las desoladas polaridades del esto o lo otro, en una Corea del Norte de la mente, vacía y mortal, sin mucho por ver. Sin la imaginación no podemos reconcebir lo que ya sabemos, ni ver lo suficientemente lejos. La imaginación, mientras lucha con las inhibiciones, representa más pensamiento y posibilidades; es innumerable, compleja, líquida, salvaje y erótica. El arte desfamiliariza, y la imaginación también. El mundo banal vuelve a parecer extraño. Se abre de forma novedosa.

La imaginación no es solo un instrumento del arte. No podemos delegar la especulación en los artistas. No solo los artistas unen cosas difíciles, se inventan cosas y necesitan y usan la vista. Nos guste o no, todos estamos condenados a ser artistas. Somos los creadores y los artistas de nuestras propias vidas, del futuro y del pasado; de si, por ejemplo, vemos el pasado como un cadáver, un recurso u otra cosa. Somos artistas en la manera en que vemos, interpretamos y construimos el mundo. Todos los días somos artistas, del juego, la conversación, los paseos, la co-

30

mida, la amistad, el sexo y el amor. Cada beso, cada obra o comida, cada palabra que intercambiamos y cada cosa que oímos –hay maneras y maneras de escuchar– tienen algo de arte, o nada.

Sobrevivir con éxito en el mundo requiere una enorme capacidad. Y ser atrevido y original es una tarea complicada; puede parecer imposible, porque tenemos historias y personajes que se pueden convertir en identidades fijas. Estamos hechos antes de saberlo; aquello en lo que nos convirtieron nos retiene. No solo eso, estamos habitados por demonios destructivos y parlanchines, que no quieren precisamente lo mejor para nosotros. Vivir libremente es una lucha; las identidades se detienen. Nos limitan las versiones interiorizadas e irrelevantes de la ley y las costumbres; no hay nada más peligroso que la seguridad, que nos aleja de la reinvención y la recreación. El trabajo imaginativo puede parecer destructivo, y puede acabar con aquello a lo que estamos más unidos. Naturalmente, si podemos hacer esto, pagamos por nuestros placeres con culpa. De todos modos, al final, la miseria y la desesperación salen más caras, y nos enferman. Que la locura sea nuestra guía, pero no nuestro destino.

Los aspirantes a escritor no se equivocan al querer aprender sobre trama, estructura y narrativa, pero seguir las normas no convierte a nadie en artista. Las normas solo producen obediencia y mediocridad. El artista hace preguntas sobre la autoridad moral en sí. La «estructura», para el artista, *es* la imaginación.

La gran escritura y las grandes ideas son raras: su brujería y su magia son más como soñar con intención que descripciones del mundo. El arte hace y rehace el mundo a diario, dándole significado y sustancia. Es toda una responsabilidad. Podrías quedarte sin voz, podrías escribir

«I Am the Walrus», o podrías montar una fiesta. La imaginación crea realidades en lugar de imitarlas. No hay ningún consenso interesante sobre cómo es el mundo. Al final, no hay nada ahí fuera salvo lo que logramos sacar de ello, y si sacamos más o menos de ello es una cuestión diaria de cómo queremos vivir y quién queremos ser.

EL CORREDOR

Él y su mujer habían bromeado, durante varios años, con hacer una carrera por las calles donde vivían. Ahora, en la semana de su divorcio, antes de mudarse de la casa que habían compartido con sus hijos y sus hijastros durante doce años, lo iban a hacer, incapaces los dos de encontrar un motivo para echarse atrás. Sería, supuso, la última cosa que harían juntos.

Había salido a correr dos veces por semana durante los últimos cinco años, pero en raras ocasiones había aguantado más de veinte minutos. Y ella, más allá del yoga y de la bossa nova, no hacía ningún otro ejercicio. De todos modos, le sacaba ventaja corriendo ya que tenía cuarenta y tantos, mientras que él tenía sesenta y pocos, cosa que, había descubierto, era una edad incómoda para la reflexión crítica y honesta sobre uno mismo.

Comparada con él, su rival no estaba en mala forma, pero tampoco se podía decir que estuviera en buena forma. En su adolescencia había sido una corredora de larga distancia. Tenía el tipo: alta pero rechoncha, con piernas fuertes y gruesas. Estaría muy decidida, de eso estaba seguro. No obstante, no creía que tuviera resistencia suficiente. No puedes correr más de una hora a un ritmo fuerte si no lo llevas haciendo veinticinco años. ¿O quizá sí, si tu combustible es la amargura? Ella había dicho, cuando lo hablaron, que «nunca, jamás» dejaría que le ganara. Antes se suicidaría. Que se muera, pensaba él. La enterraría contento.

Los dos salían ahora de la casa dando zancadas. Los niños y sus amigos, emocionados y desconcertados por el comportamiento excéntrico de los adultos, golpeaban las ventanas y les despedían con las manos antes de volver a jugar al fútbol en las habitaciones que, aparte de las cajas, marcadas con sus respectivas pegatinas, resonaban vacías.

Era consciente de que ninguno de ellos olvidaría ese día, y no se lo tomaba a la ligera. Para empezar, se daba cuenta de que habían infravalorado la distancia. Basándose en el recorrido que habían acordado, la carrera probablemente duraría una hora y media. Esto era, para los dos, algo más que un simple esfuerzo.

Había empezado a entrenar desde que habían acordado el «combate de la muerte», corriendo unos treinta minutos la mayoría de los días, hasta acabar exhausto. La tarde anterior trató de hacer diez flexiones, bebió poco, hizo ejercicio, y a las nueve y media se fue a su habitación, donde se imaginaba a sí mismo, al día siguiente, irrumpiendo en casa antes que ella, con sus brazos en alto como Jesse Owens en Berlín, pero con una rosa entre los dientes.

Basaba sus esperanzas en que la furia le inspirase y le llevase hacia delante, sobre todo después de que ella le dijese: «De verdad que espero llegar a casa antes que tú. Luego te llamo una ambulancia y ves como me despido desde la puta acera en la que estarás tirado, pobre perdedor.»

34

Los niños, se percató, estaban ansiosos por saber qué había puesto en su testamento.

Fuera, en la calle, se inclinó adelante y atrás, moviéndose sobre los dedos de los pies, agitando los brazos. Ella estaba a su lado, impaciente. No podía soportar verla. Había dicho que estaba deseosa de seguir con su vida. De eso se alegraba. Así que seguro que no podría tomarse en serio esa ridícula confrontación. Los dos parecerían idiotas ahí de pie, con las miradas fijas, echando chispas y dando pisotones. ¿Dónde estaban su madurez y sabiduría? Aun así, de alguna manera, nunca nada había sido tan importante como esto.

Se concentró en su respiración y empezó a correr sin moverse del sitio. Correría hasta su propio límite. Correría porque había cometido otro error. Correría porque no podían estar en la misma habitación, y porque lo peor de ella se había metido dentro de él.

Cuando creyó que estaba a punto, dijo:

—¿Lista?

—Sí.

—Venga, empecemos. ¿Estás segura? —dijo él.

—Sí, lo estoy.

—¿Preparada?

Ella dijo:

—Di «ya», no «preparada».

—Lo haré. Cuando estés de acuerdo en que es hora de decirlo.

—Tú dilo ya, por favor —dijo—. ¡Por Dios!

—Vale, vale.

—¿Vale? —dijo ella.

—¡Ya! —dijo él.

—Exacto, gracias —dijo ella—. Al fin. Has tomado una decisión.

–¡Ya, ya! –dijo él.

–Eso –dijo ella–. ¡Ya!

Y salieron.

Él empezó primero, dando los primeros pasos con cuidado para probar las rodillas, solo para ver cómo ella salía disparada como una liebre, lo rebasaba volando y doblaba la esquina que estaba a unos metros. No tardó en desaparecer de su vista.

Él siguió a lo suyo; iba lento, como tenía pensado, y se guardaba la energía para el estallido de los últimos quince minutos. Cuando le tocó doblar la esquina, aminoró el paso aún más. Notó que se le tensaba el gemelo izquierdo. Algo fibroso le habría dado un tirón. ¿Podría ser esclerosis múltiple? ¿O un calambre? Estos días había tenido calambres hasta al cortarse las uñas de los pies. Nadie estaba exento: los veías antes de la prórroga en los torneos de fútbol; a doscientos mil a la semana, los mejores jugadores del mundo tumbados en la hierba como si les hubieran disparado. Él entendía su sufrimiento; lo compartía, este triste imbécil que botaba con sus zapatillas brillantes, en sus piernas enclenques unos pantalones cortos de lino.

Salió al campo creyendo que se le pasarían las punzadas o se acostumbraría al dolor. Pronto se dio cuenta de que la exposición pública, el jadeante desfile de la vergüenza, era mucho peor que todo eso. Un montón de peatones parecían caminar más rápido de lo que él corría, aunque adelantó a la au pair de un banquero que empujaba el cochecito de un niño. Un constructor polaco que conocía estaba descargando la furgoneta, y los camareros húngaros de la cafetería local, de camino al trabajo, estaban ansiosos de sonreír y saludarle, y de ofrecerle un cigarrillo. Sus vecinos, un abogado, un loco y un periodista, fueron fáciles de adelantar. El de la tintorería, que contemplaba la eternidad frente a su tienda, no le vio.

Se fijó en las parejas que se soportaban todo el día, que desayunaban y hablaban en los hoteles en vacaciones, y se sintió como un hombre que hubiera abierto una página pornográfica solo para ver imágenes horribles de felicidad consumada y de polvos felices entre casados, lo cual era más obsceno que la obscenidad.

Corrió por delante del colegio privado, del público, del colegio francés, así como de la iglesia china, la católica y la mezquita que ocupaba la planta baja de una casa. Pasó por delante del Tesco y de otros supermercados, y de un restaurante indio, una cafetería marroquí y varias tiendas de segunda mano. En el escaparate de una de ellas vio una muestra de los libros que no le cabían en su nuevo pisito donde, creía, todas las noches duraban cien años. Se despertaría sin los ruidos de la familia. Tenía que aprender a vivir de nuevo. ¿Y por qué alguien querría hacer eso?

Fue un alivio llegar al parque y ver a otros autoflageladores haciendo muecas, muchos de ellos mayores que él. Ahí es donde volvió a encontrar a su rival, la esposa a la que no podía querer ni matar. Ahí estaba, una figura diminuta bombeando con fuerza contra el viento, al otro lado del césped. Desapareció entre los árboles, sin aparentar cansancio.

Después de un recorrido concentrado por el parque, salió un rato al asfalto. Esquivando a los que iban y venían del trabajo, fue hacia un fétido desnivel donde sus pasos resonaban, y subió hacia el camino paralelo a la vasta sorpresa del río. Los niños y niñas del colegio público, con sus botas de agua, con sus vidas por delante, tiraban de barcos alargados en el río.

Los bordeó y, después de unos quince minutos, llegó

al puente. Miró hacia arriba y corrió la mitad de las escaleras. Sería prudente, pensó, acabarlas caminando despacio. Al no ser una vasija cartesiana de conciencia y razón elevadas, sino más bien una bolsa amorfa de tendones reventados, venas marcadas y pulmones que chillan, tosía y respiraba con fuerza.

Pero aún le quedaba una chispa de voluntad y volvió a correr en el puente, vislumbrando la amplia panorámica, y los ojos de las casas encantadoras que tenían vistas a ella, lugares que ahora no se podría permitir. El hogar es para los niños, pensó mientras tiraba su alianza por el borde. Quizá había ahí un montón de esas doradas, justo debajo de la superficie, los amargos escombros del amor, y un tributo a la libertad.

Agarrando el pasamanos con fuerza por si se caía de cabeza, llegó al final de las escaleras del otro lado, y, acelerando con un salvaje golpe de seguridad en sí mismo, volvió a la calle. Paró después de otros cien metros para coger aire. Lo necesitaba.

Quedaba un largo tramo final por la avenida de la derrota, con el río bordeado de árboles por un lado y el embalse por el otro. Más adelante en este camino, si no tenía un infarto, encontraría a su mujer derrumbada y lloriqueando, quizá incluso vomitando; solo tendría energía para arañarle los tobillos, suplicante. Él no pararía. Saltaría por encima de ella, quizá dándole una patadita en la cabeza sin querer antes de lanzarse hacia la victoria.

Después de esforzarse arriba y abajo en esas escaleras, sabía que se estaba cansando, o que podía morir. Ya había tenido suficiente de esa carrera, y necesitaba todas sus reservas de energía. ¿Dónde estaban? Se ató y desató los zapatos, y corrió sin moverse del sitio, por miedo a pararse, mientras contemplaba la húmeda vista de barro, árboles y nubes que tenía delante. Y su mente daba vueltas y vueltas todo el rato, contando sus derrotas, hasta que la búsqueda de sufrimiento se detuvo. Había tenido una idea mejor. Dio un paso.

En lugar de seguirla, en lugar de quizá alcanzarla por fin, se dio la vuelta y miró hacia el otro lado. Dio otro paso. Dio unos pasos más, tambaleándose un poco, como si nunca hubiera caminado. Se había ido. En la otra dirección.

Como la flecha de Zenón, disparada para siempre por los aires, nunca llegaría. Llegaría a otra parte. ¿No había más sitios que aquí? Sería un desaparecido. A veces tienes que tener la valentía de tus desilusiones. No más llaves de sadomaso, no más vals de la muerte. La crueldad era un arte. Se arrepentía de todo, pero no de esto.

El cielo se oscurecía, pero sintió que le propulsaba una energía nueva, informe y sin competitividad. Huye, huye, huye, decían todas las canciones pop con las que había crecido. Seguiría esos consejos sin olvidar nunca que el que huye de algo también huye hacia algo.

SOY EL NIÑO FUTURO

Le digo a mi hijo pequeño: por favor, vamos a correr juntos esta tarde. Estar sentado me agota; me iría bien algo de movimiento, nos hará sentirnos mejor, solo dos veces alrededor del campo, no más de quince o veinte minutos. Quiero añadir: estoy perdiendo fuerzas, y el aburrimiento empeora cuando te haces mayor. Mezclado con tristeza y remordimientos, se te hace más pesado y más terminal; a veces ni la música lo atenúa. Me pregunto si salir a correr apartará alguno de mis pesares.

Para él eso es una invitación a suspirar. Será todo un esfuerzo; tendrá que levantarse del sofá y hasta salir de casa. Correr este ratito también puede ser –ese es su miedo– una oportunidad para que le sermonee sobre asuntos filosóficos o psicológicos, o, peor aún, sobre ser educado, el sexo u ordenar la casa. A menudo se lamenta de que yo exista, y de que tenga que lidiar conmigo.

Pero, por algún milagro, y para mi sorpresa, acepta.

Es algo que ya hemos hecho, y a veces, mientras yo troto, él camina o pasea a mi lado, con cierta condescendencia, en mi opinión. Pero hoy, para equilibrar las cosas, para convertirlas en un esfuerzo y un reto, como soy tan

41

lento para este quinceañero veloz, decide ponerse sus pesas para los tobillos. Pesan, tiran de los músculos de las piernas y provocan calambres en los tobillos. Llevar esas cosas, para mí, sería como intentar cocinar crucificado, pero ha oído que así es como Cristiano Ronaldo practica sus bicicletas.

Ahora, hoy, mientras corremos sin dificultad por el perímetro del campo, decido sorprender al mierdecilla este apretando el paso en la medida de lo posible. Así que voy más rápido, y noto que se queda atrás. Sigo en forma, me digo. Aceleraré victorioso hasta casa, demostrándole quién está al mando.

En India, según la leyenda familiar, mi padre había sido un excelente boxeador y un excelente jugador de críquet y squash. Siempre corría con él por nuestro parque local del extrarradio, hasta que un día a finales de los sesenta mi padre y yo hicimos una carrera por el parque hasta la piscina al aire libre, que era, más o menos, el único otro entretenimiento de la zona. Al llegar, me di la vuelta y vi que tenía las manos en las rodillas y resoplaba con fuerza. Le había ganado, y de repente parecía frágil y vulnerable. Supongo que ya estaría enfermo, y lo seguiría estando la mayor parte de mi adolescencia. Le atribuía grandes y misteriosos conocimientos a mi padre, y aún lo hago. No quería que me decepcionaran. Pero tenía una edad en la que hay que mirar adelante. Impacta ver que tus padres no solo no son las únicas personas del mundo, sino que ni siquiera son las más importantes para ti. Y a ellos les impacta ver que te has dado cuenta de eso.

Mi hijo pequeño corre sin dificultad a mi lado. Aunque en su momento fuera bajito para su edad, este verano ha empezado a desarrollar un pecho más ancho y piernas largas. Los vecinos están impresionados por lo alto que se ha hecho. Nos podemos mirar cara a cara. Pese a que conserva algunos dientes de leche, pronto tendrá el cuerpo que todo adulto tratará de recuperar durante toda su vida. Su pelo, que hasta hace poco le cortaba su madre con algo de torpeza, se ha convertido en un asunto de interés y preocupación. He empezado a llevarlo a mi peluquero, Luka, que trabaja aquí cerca en una cabaña destartalada bajo un garaje en desuso donde van mis hijos adolescentes, mayores que él, a cortarse el pelo. De vez en cuando les afeita también Luka, hombre al que consideramos el Lionel Messi de la cuchilla, aunque ahora tendemos a llevar todos unas pintas muy Luka. Mi hijo pequeño pidió que le afeitara una raya en la cabeza. Ahora el niño está obcecado con estar guapo, y le da instrucciones a Luka, y si la raya no aguanta, vuelve para que se la haga de nuevo.

D. W. Winnicott escribe en *Realidad y juego* sobre un «niño hilo» que lo ata todo por miedo a separarse de su madre. Recuerdo que durante mucho tiempo uno de mis hijos mayores iba a todas partes con un lazo. El pequeño estuvo obsesionado con el hilo, hasta que la casa llegó a parecer una cuna de gato, con todo junto y separado, unido y desunido, tal cual, o cuidadosamente mediado en cuanto a distancia. Aún ahora se pone manos a la obra y hace un nudo con una cuerda en los pasamanos. Al final el niño se cansó del hilo, y, mientras correteamos por ahí, me pregunto si esta importante transición hacia la individualidad se consigue mediante un ombligo de elásticos invisibles. Poco a poco aumenta su distancia conmigo. Que yo me difumine y él se alce es lo que hace la vida posible.

Me quedo atrás durante un rato. Paro a atarme los cordones y recupero el aliento. A la edad que tiene ahora mi hijo pequeño yo era un enclenque mestizo que lo pasaba mal en un barrio duro. Nervioso, inhibido, inseguro, melancólico, casi no podía vivir conmigo mismo. Pero estaba la música pop, y había libros en la biblioteca local: la eficacia de las palabras para juntar cosas, pero solo si estaban escritas. Apenas podía hablar con nadie a mi alrededor. Me sentía afortunado al ver que el casi silencio estaba de moda, y todo el mundo estaba tan colocado que prácticamente no podía hablar. Había empezado a escribir, y encontré un buen profesor, un editor de un grupo editorial de Londres que venía a mi casa los domingos para ayudarme con la novela que había empezado. Me espabilé, y, pese a mi edad, iba en serio; de alguna manera sabía que tenía que hacerlo si quería salir y encontrar más vida.

Reconozco que escribir es una cosa completamente distinta que hablar. Me pregunto si es una defensa contra el hecho de hablar. Si bien escribir crea una relación íntima con el lector futuro, cambia poco de tu alrededor. Pero hablar –la habilidad de pedir lo que necesitas, y cambiar a otros directamente– por fuerza tiene que ser una forma de poder. No sirve de nada guardarte las palabras para ti mismo. De todos modos, para mí, despedirme con palabras era casi imposible. Cuando intentaba abrir la boca de verdad caía en una especie de pánico angustioso. Hablar era un desastre: me convertía en alguien que no conocía, como si no quisiese los cambios inevitables ni ser esa persona nueva en que te convierte el decir palabras reales. Y si no podía hablar, me sentía bloqueado y distante y furioso. En el silencio te pudres.

Necesitaba escapar, como lo necesitan los jóvenes, así que me puse a trabajar en el teatro. Estuviera o no callado y angustiado, iba a ser escritor. Que se joda todo lo demás: era el arte, o nada. Los artistas hacían lo que querían. Pensaba entonces, y probablemente también pienso ahora, que ser artista era lo mejor que se podía ser. Había fracasado en el colegio, básicamente. Me culpaba a mí mismo por el hecho de que los profesores de ahí no pudieran entretenerme. Odiaban a los alumnos, y aquel sistema sin ningún sentido se basaba en las amenazas, el miedo y el castigo. Nos estaban educando en el miedo, para ser unos chupatintas. Después trabajé en oficinas, y ahí tampoco encajaba. ¿Qué tipo de futuro iba a tener? Si ya de por sí no me imaginaba en un trabajo convencional, aún me iba a poner las cosas mucho más difíciles: mi futuro, todo, iba a depender de una tirada de dados. Miro atrás con perplejidad, y me parece ciego, estúpido, arrogante y muy sensato. Hace falta un tipo de valor enloquecido para querer algo absurdo de verdad.

No es que no hubiera ejemplos. Solía estudiar fotos de revistas en casa; Jagger y Richards fumando y pavoneándose a la salida de cualquier juzgado; McCartney y Lennon en Hamburgo y justo después; Dylan durante la época del *Blonde on Blonde*. Jóvenes desafiantes y originales convencidos de su propia potencia, atractivo e inmortalidad. No solo parece que estos chicos hayan matado a los viejos con alegría y que ahora el mundo sea suyo, sino que ser joven en los sesenta era vislumbrar el paisaje desde una ventana entreabierta, coger una oportunidad entre dos dependencias y disfrutar de una explosión de libertad libidinosa, de mostrarse y maravillarse de uno mismo.

Estos jóvenes parece que se hayan liberado. Pero ¿de qué? Del fetiche de la renuncia; de las aburridas normas y valores del momento, fueran los que fuesen. ¿Acaso no había habido recientemente dos guerras mundiales por las que habían sufrido nuestros padres y abuelos, y en las que se habían aprovechado de la agresividad natural de varias generaciones de jóvenes, y por las que se habían sacrificado? Tampoco es posible olvidar la impactante cantidad de miedo, si no trauma, que el niño, cualquier niño, tiene que soportar a diario. También se podría decir que hasta ese momento la vida del adolescente ha sido un ciclón de exigencias escandalosas: comer, cagar, callarse e ir al colegio; portarse bien y ser obediente y educado mientras consigue hacer esto y aquello y lo de más allá; irse a dormir, despertarse, hacer un examen, aprender a tocar un instrumento, escuchar a uno de sus padres, ignorar al otro, llevarse bien con los hermanos y tías, y así sucesivamente. Estas coacciones y exigencias: uno logra cumplirlas, o fracasa, o puede ignorarlas por completo. Pero todas ellas generarán angustia al estar mezcladas con castigo, miedo y culpa. El estrés será la enfermedad habitual del adulto si la constante en la infancia han sido las exigencias.

Está claro, la exigencia es la moneda de todo intercambio, y no todas las exigencias son imposibles, ofensivas o carecen de sentido. Uno no sería persona si no le planteasen exigencias, o las tuviera él mismo. Esas exigencias tampoco se agotan nunca. Como mínimo en Occidente ha habido menos prohibiciones morales desde los sesenta. Pero hay más exigencias imposibles. Lo que no está prohibido es casi obligatorio: el precepto según el cual uno tiene que ser rico, o estar siempre activo, tener éxito o practicar sexo siempre satisfactorio durante toda la vida con alguien precioso puede causar tanta angustia como cualquier prohibición.

Cualquiera se da cuenta de que los adultos pueden perder la modestia al describir los logros de sus hijos.

Como el niño es ellos y no es ellos a la vez, el padre tiene libertad para presumir. ¿Qué tipo de extraño amor es ese, el del padre por su hijo? ¿O qué tipo de posesión es el hijo para el padre? ¿Qué o quién quiere el padre que su hijo sea? ¿Qué tipo de imagen ideal tiene, y de qué manera puede el niño evitar ser devorado por los padres, o reaccionar, creativo, ante ellos?

Mi madre y mi padre fantaseaban con ser artistas de algún tipo, de la escritura, del teatro o del baile. Pero eran emocional y económicamente vulnerables, tenían pocas oportunidades, y parecían cocerse en frustraciones, sobre todo a medida que se hacían mayores. Todo eso del sueño de una vida no era más que cháchara. No podían arriesgarse, y como no podían permitirse prescindir de nada, nada pudieron conseguir. Encerrado e inquieto, vi que tenía que tomarme en serio sus sueños, y rápido, antes de estar acabado. Me gustaba leer y trabajar; no me daba miedo estar solo y quería llegar lejos en Inglaterra, ver a qué tipo de país había llegado mi padre y en qué lo convertiríamos los recién llegados. Era como artista como me sentía más independiente, competitivo, vital y envidioso de los éxitos ajenos. Si nos forjamos y crecemos en la dificultad, escribir era un problema que quería afrontar. Casi nunca pensaba en dinero o supervivencia o seguridad. Éramos hippies, y el «pan», al principio, nunca fue el objetivo de mi muy politizada generación, aun tras la escasez de la posguerra. Sin embargo, durante la última parte de mi vida parece haberse decidido que la productividad y el materialismo económico son la ética preferida, como el propósito virtuoso de la vida. Puede que los adolescentes ahora sean sexualmente libres, pero el proyecto neoliberal del éxito económico sin fin provoca escasez, y una forma severa de inseguridad y servidumbre.

Tuve mis años espejo, y hasta yo mismo me gustaba. Durante un tiempo estuve enamorado de lo que veía. Esto fue cuando todos, más o menos, teníamos la misma forma corporal. Todos comíamos lo mismo, hacíamos la misma cantidad de ejercicio en el instituto, y tu aspecto dependía de la buena o mala suerte, pero, como podría decirte cualquier guaperas, hay cosas pegajosas que te puedes poner en el pelo para destacar.

No hay que recordarles a los adolescentes que, dondequiera que estén, sus cuerpos están con ellos como un objeto. Los adolescentes siempre han estado dispuestos a lacerarse, perforarse o marcarse. Ahora van al gimnasio y se afeitan el cuerpo y se ponen cera en el pelo; los puntos negros y lo que comen les hacen hiperventilar, y se miran a sí mismos y entre ellos con asombro y ojo crítico. Mis hijos examinan los cuerpos de otros chicos antes que los de las chicas. En este exilio, en este periodo de libertad entre amores, ellos, hedonistas salvajes e hipererotizados, solo pueden amarse a sí mismos. Un día verán fotos de cuando eran jóvenes y se sorprenderán por todo lo que no podían ver ni apreciar de sí mismos. Y por muy guapo que sea, cualquier adulto recordará que muchos de nosotros nos sentíamos, cuando éramos jóvenes, como Holden Caulfield, o como Esther Greenwood, de *La campana de cristal,* incómodos, faltos de preparación para el mundo, y en perpetua discusión con nuestros padres, demasiado presentes o demasiado ausentes, para que se acercaran o alejaran.

Los años que van entre los quince y los veinte en un crío, con todos sus intercambios crueles, son difíciles para un padre. El arte que fascina a los jóvenes –pop, hip hop, videojuegos, chistes de mal gusto, películas de terror– parece de un sadismo gratuito. Si tienen la suficiente suerte como para poder desarrollar todas sus capacidades, nuestros hijos, entre otras cosas, tendrán que volverse agresivos y hasta destructivos. Es impactante ver cómo dicen «jódete» todo el tiempo, y que lo dicen en serio. Desde el punto de vista de los padres, su odio necesario... parece tan definitivo. Pero no es nada comparado con la crueldad de los adultos, y esa repentina invasión de lo obsceno y desagradable, de una versión particularmente desoladora de la realidad, es una ruptura importante con el pasado, una manera de entrar en el mundo de los mayores. Las máquinas que los niños prefieren a los adultos –ordenadores, teléfonos, videojuegos– son objetos de transición para semiadultos, y funcionan como enlace entre las etapas de la vida.

Pero hay otra cosa en esa época, a su manera igual de violenta o impactante; un impacto que tal vez nunca se atenúa, y que la pornografía, de modo insuficiente, reproduce pero también ilustra. Me refiero a la perturbación radical del sexo en su agresión y necesidad. De lo violento, grosero y odioso que puede parecer, o tiene que ser, el sexo, si uno ha de perderse en él.

Para mí esta no fue solo una iniciación en mi propia sexualidad, sino un alejamiento de la soledad y el narcisismo adolescentes, hacia una mujer, las mujeres, y peligros más interesantes. Esta es una de las preguntas más difíciles e importantes para un joven: ¿cómo puedes entender o comprometerte con la sexualidad femenina? La relación de mis padres nunca pareció sensual; no daba la sensación de ser ese tipo de amor: eran compañeros que se tenían cariño. Las apariencias, los anhelos o el juego del amor no parecían importantes para ellos, ni siquiera en su discurso.

Entonces ¿dónde aprendes a desear? ¿Cómo permites que una mujer te enseñe sobre sus placeres? Al menos entendí que tenía que hacer un hueco para que el deseo sucediera. Luego, supongo, solo había que prestar atención. Al vivir con más autenticidad y estar más politizadas y ser más conscientes de su situación y de quiénes eran –las mujeres convertidas en sujetos de pleno derecho, como se habría dicho entonces–, las mujeres que yo conocía estaban mucho más avanzadas en la manera de entender su identidad y lo que querían ser.

Me asustaban la excitación, las mujeres, el sexo, perder el norte y la cabeza. Tendría unos diecisiete años cuando una mujer me dio un ácido, se quitó la blusa y me animó a que me tumbara para que pudiera masturbarme. Lo hizo lentamente, casi como un ejercicio, para enseñarme lo que era posible, cómo podía llegar a controlarme y cómo yo podía aprender a sintetizar el placer. Ahí tumbado vi cómo se concentraba, y luego me dejé llevar y me dio un colocón. Al final me sentí paralizado, y tardé unos minutos en aprender a caminar otra vez. Algo mayor que yo y con más conocimientos, la mujer tenía la experiencia suficiente para decir –cuando volví en mí– que eso no era todo.

Había algo más. Le costaba, decía, masturbarse delante de un hombre; se sentía expuesta y avergonzada. Pero si lo superaba, yo podría ver algo esencial o hasta útil para el futuro. Al fin y al cabo, tenías que ser un hombre para conocer a una mujer, para entender sus necesidades y su pasión, para verla como quería ser vista. Así que se quitó la ropa y se mostró. Hay que admirar las agallas de alguien capaz de hacer eso. Se corrió enseguida, y luego algunas veces más. La abracé y le di un beso, alucinado y fascinado por la belleza y la intensidad de esa manera de educar, y me pregunté para qué me necesitaba, y qué podría ser yo para ella, si es que podía ser algo. Dijo: bueno, no puedes agarrarte la propia mano, ni te puedes desear ni hacerte el amor a ti mismo, ¿verdad?

Mi padre y yo salíamos a pasear por el parque los fines de semana. Papá siempre tuvo el optimismo del inmigrante. Creía que sin duda nos iría bien en el país nuevo; por eso quería estar aquí. Pero aún no sé cómo sus conversaciones podían ser tan inspiradoras. Era una de sus grandes cualidades: sabía cómo ilusionarte con el futuro, con todo lo que se podía conseguir y con los placeres que eran posibles. No es que estuviera permitido, claro, dejarle atrás. Mi padre, rechazado por su propio padre, por su padre y por su madre, de hecho, rompió y volvió a fundar la herencia transgeneracional, y se convirtió él mismo en un buen padre. Pero esperaba de sus hijos que fueran sus amigos y cómplices. Ahora yo soy como él, y muy diferente. Hace mucho tiempo que murió, pero todos los días hablo con él. Me gustaría que estuviera aquí para darle un beso o matarle.

Mi hijo pequeño y yo bajamos el ritmo de la carrera. Tengo las piernas cansadas; caminamos juntos. Me gusta caminar despacio. Así podemos hablar de universidades, deportes, trucos de magia, concentración, sus amigos y cómo nunca ha leído nada de lo que he escrito. Es un momento largo y encantador entre conflictos. Desde la perspectiva de los padres, no es difícil controlar o asustar a un niño pequeño, incluso cuando son desesperantes. Pero —difíciles de intimidar y casi imposibles de seducir— los adolescentes generan más odio, rabia y envidia de los que puede soportar la persona más templada. Un adolescente puede convertir en diez segundos a una persona decente en un maníaco. Cuanto más te necesiten, más rabia necesitarán para huir –el odio es un catalizador importante del cambio– y solo puedes tener poder sobre los que dependen de ti. Jamás llegarás a ninguna parte con un adolescente si te centras en tus propios intereses, pero les suele interesar el dinero, y si logras involucrarles en algo que les guste o que quieran decir, pueden, durante un rato, ser una compañía buena y estimulante.

El padre tiene mucho que aprender sobre la separación. Porque lo que el niño ve como crecer y ser libre es, desde la perspectiva del padre, una ruptura fatal. Durante el largo divorcio de los años adolescentes del niño, te puedes sentir como si uno de tus amigos más queridos te estuviera abandonando. Te preguntarás qué queda ahora que ya casi has acabado esta tarea. Recuerdo que cuando me fui de casa, a mediados de los setenta, me preguntaba con quién hablaría mi padre de literatura y deportes.

Ahora tengo que recordarme a mí mismo, dado que los padres musulmanes están muy presentes, que también soy hijo de mi madre. No es que mi madre disfrutara mucho siendo maternal; todo era un incordio. Le gustábamos como obstáculo o excusa, para que pareciera que nos interponíamos entre ella y algo mejor. Pero no pasó nada nuevo cuando nos fuimos. Para cuando me fui de casa, mi madre parecía a la defensiva y casi inerte, como si hubiera perdido la vitalidad bajo las capas de su propio cuerpo. La televisión era toda una novedad cuando yo era niño; su mera existencia nos alucinaba. Mi madre no tardó en pasarse el día casi inmóvil ante la tele embriagadora, que veía con creciente avidez. Para mí, se había enamorado de algo, o de alguien, claro; algo insidioso, un mundo de sombras, que no parecía ofrecer ningún sufrimiento, ninguna condena, al contrario que el sexo o el alcohol, sino solo un nivel leve y constante de diversión. Eternamente distraída por las únicas formas de vida auténticas de la mal llamada sala de estar, pronto dio la impresión de que la televisión era la única vida que la atraía: gente en una pantalla a la que no podía llegar y con la que no tenía que hablar. De alguna manera había perdido a mis dos padres.

Aquí la lección sería: no puedes usar a tu hijo o a tus padres como un apoyo, como sustitutos de otras relaciones, o como motivo para no relacionarte como adulto con otros adultos. Hasta los padres tienen que hacerse mayores.

Lo que será significativo en una vida no se descubre antes de hora, ni en el momento. Es decir, que hasta los traumas son una construcción posterior que surge de una reflexión. Me refiero a que la gente sufre algún tipo de dolor o sentimiento de pérdida; sabe que ha habido alguna ruptura inexplicable, pero no sabe exactamente qué significa. Un escritor, como un soñador, es un «intérprete» de la experiencia, lo que hace de la escritura una forma importante del pensamiento, inscribiendo un hecho en el lugar adecuado en la narrativa que estés usando en ese momento, o haciendo hueco para uno nuevo.

Hablar es más fácil que escribir. No hay clases de «habla creativa», aunque tendría que haberlas. El peligro y la virtud del habla son la incontinencia y la espontaneidad; hablar como una forma de actuación impredecible. La mayoría de la gente puede hablar, casi nunca para, tiene que exteriorizarlo. Una conversación no se puede planear; es una improvisación entre al menos dos personas, y la verdad se escapa entre los dedos. Alguien te puede arrancar de tus defensas, como quien saca una caracola de la concha.

Escribir parece más asequible. Escribir, como leer, suele hacerse en solitario, y no tiene nada de natural. Como la gente suele ser su propio impedimento y le gusta infravalorarse, es un esfuerzo de superación. Escribir es averiguar si puedes tener menos miedo de ti mismo, estar menos cohibido, más libre, más salvaje, y sin embargo capaz de estructurar tu obra. Se te ocurre una idea; la escribes, y la revisas unas doce veces, luego otras diez. La mayoría de la gente no escribe bien; es un trabajo incómodo y lento si lo haces a mano. Para mí, esa es la mejor manera sobre todo cuando empiezo un proyecto, donde la lentitud y el pensamiento son importantes. Como es abstracto y autoconsciente, y a la vez una forma de separación y aislamiento, escribir te desconecta de la experiencia, congelándola. A veces esa desconexión puede parecer una manera de matar. Algunos escritores jóvenes pueden tener la sensación de que esa objetivación, si escriben sobre su vida o su propia familia, puede ser como matar a sus padres. Están nerviosos, con razón, por la cantidad de agresión y conflictividad que atrae la exploración creativa. No es de extrañar que se sientan inhibidos. Es más fácil evitar la diferencia y el problema de adquirir poder, hacerse el muerto y optar por ser pasivo o sumiso, que discutir o ser uno mismo. Pero el precio es más alto.

Para los escritores jóvenes no hay público. Aún no les oye nadie real. Tienen que intentar cosas difíciles. Tienen que trabajar con ideas que les sobrepasan. Sería sensato que se buscaran un buen profesor, alguien que les empujara. Les servía de aprendizaje que les rechazaran, criticaran y tumbaran una y otra vez, como pasaría en el mundo real. La mayoría de los escritores jóvenes a los que doy clase no producen lo suficiente. Están demasiado preocupados por la calidad de lo que hacen, no son lo suficientemente atrevidos, ni, más adelante en el proceso, lo suficientemente duros a la hora de cortar y reescribir.

Pero si al menos logras ver la escritura como una forma de disfraz o máscara, ves que se puede aprender. La voz, el punto de vista, son simulacros. Todo esto es fingimiento, un tipo de juego mágico, como una cobertura para pasteles con más omnipotencia. Hasta las formas recientes, tan de moda, de escritura «confesional», que parece que cuenten las cosas tal como fueron, exigen tanto arte y construcción como cualquier thriller, y por ello esas obras a menudo son más ficcionales de lo que pretendían. Y eso es más que solo expresarse uno mismo. La escritora es una ficción, que se ha creado a sí misma con lo que le ha sido dado.

Diría más. Cuando escribes, te diriges a otra gente; siempre hay alguien ahí fuera, alguien que te ve. Y ese lector ausente que el escritor imagina –el sujeto que el escritor intenta llevarse de excursión, el receptor implícito de sus palabras, el que tendría que entender– también es una ficción, una que resulta esencial. Esa ficción orienta al escritor. El lector hace que el escritor sea posible. Pero pensar en el público pone nervioso al escritor. El lector te juzga. El lector te reconoce, y te lee con propiedad. El lector quiere que le fascinen y maravillen. Esa es la pregunta crucial para el escritor, como para cualquier persona. ¿Cómo captamos la atención del otro? ¿Cómo mantenemos vivo el deseo que sienten por nosotros? ¿Qué ven? ¿Y nos quieren? ¿Perdonarán nuestros errores? ¿Les estamos dando algo que quieren, algo que no quieren u otra cosa distinta? Vivir con esa angustia, y responder a ella para justificar tu trabajo, es necesario para el proceso.

Algunos escritores creen que sus personajes tienen que ser compasivos. Eso no es en absoluto necesario ni frecuente en la buena literatura, y los personajes encantadores repelen. Está claro que no leerías un libro por lo agradables que son sus personajes, de la misma manera que no te quedarías con un amante por el mero hecho de ser simpático. Lo que tiene que pasar es que el lector se involucre con los personajes del escritor, y que se vea a sí mismo metido en los conflictos y dilemas que este produce.

El siniestro personaje Jack Tanner de *Hombre y superhombre,* de George Bernard Shaw, afirma: «El artista de verdad dejará que su mujer pase hambre, que sus hijos anden descalzos, que su madre se deslome por él a los setenta, antes que trabajar en algo que no sea su arte.»

Roland Barthes, en su ingenioso ensayo «El escritor en vacaciones», reflexiona sobre esa idea romántica del lugar del artista en la imaginación pública. Si los escritores son «especialistas en el alma humana» o «profesionales de la inspiración», el escritor simplemente no se puede ir de vacaciones como otros trabajadores porque él —y suele ser hombre— no es alguien que tenga un trabajo. El arte es una llamada. Un escritor de verdad es siempre un escritor, y no puede hacer nada para evitarlo, simplemente no puede. Ese tipo de artista puro —Shelley, Rimbaud, Van Gogh, Kafka, Plath, Nina Simone o el Dylan joven, pongamos— no puede olvidarse de sí mismo ni apagar la mente, dado que no puedes cancelar tu suscripción a la inspiración. La Musa es una especie de «tirana interior». Y el artista no solo está poseído, tiene que pagar un precio elevado por su devoción. No solo tiene que sacrificar su tiempo y su seguridad económica, sino también renunciar a la seguridad de ser buena persona. Enloquecedor y difícil, tiene que anteponer el trabajo a su mujer e hijos, a quienes preferiría ver arruinados antes que renunciar a su voluntad.

Esta idea del artista justo en el momento antes de cortarse la oreja, tan divertida como engañosa, aunque no por ello infrecuente, nos impide ver el arte donde suele estar: en el mercado, en formas colaboracionistas, si no negociadas, como el pop o el cine o en la mayoría de los oficios. La palabra escrita, y la historia, aún son fundamentales para nosotros. Todo lo que vemos en la tele o en el cine, cada canción que escuchamos, primero fueron escritas. La idea del artista romántico separa el uso de la imaginación del resto del público. Idealizar al artista es una limitación que lleva a empobrecerlo todo, y que puede hacer que olvidemos que la imaginación se extiende a todas las zonas de la vida.

Últimamente se ha puesto de moda tanto en el cine y la televisión como en la novela que la historia esté basada en las vidas de gente real. Suele ser gente famosa por algo, a menudo en medio de un momento particularmente dramático de sus vidas. Pueden ser Nelson Mandela, la princesa Diana, Tony Blair, Isabel I de Inglaterra, Virginia Woolf, Sylvia Plath, Van Gogh o un deportista, un actor o un asesino. Los poetas o matemáticos locos también tienen éxito, dado que ilustran amablemente la idea popular de que genio e idiota nunca están muy lejos. Para un productor o un escritor esto puede parecer una buena solución al problema de encontrar una historia. La mayoría del trabajo ya está hecho. Los personajes ya existen en el imaginario colectivo; la acción ya ha sucedido, y el escritor se hará una buena idea de cómo pueden hablar esas personas y las cosas que pueden decir.

La mayor parte de esta manera de escribir está enfocada al mercado y suele ser comercial. Por otro lado, las escuelas de escritura están llenas de mujeres de mediana edad con hijos que se hacen mayores. Estas alumnas predispuestas han optado por la escritura creativa no para hacerse ricas trabajando en la televisión, sino más bien para descubrir —usando la medicina del arte— cómo se convirtieron en quienes son. Saben que la cordura depende del lenguaje, y escribir es, tanto como cualquier otra cosa, una forma de meditación activa. Estar sumido en tus propios pensamientos es una oportunidad para que la memoria trabaje. A su vez, estudiar escritura en una universidad hace que el arte parezca arduo y respetable. Se escriben redacciones y se asiste a las clases, y te vas de la universidad estampado de créditos. Es como si la escritura fuera una disciplina académica en lugar de una especie de entretenimiento impredecible y de un striptease psíquico, con los que se puede impresionar al público o no.

La universidad otorga una necesaria apariencia de respetabilidad. Si los hombres son mártires por su arte, a las mujeres les gusta ser mártires por sus hijos. Todo sufrimiento es poco; es una señal de amor. Qué divididas están entre la página y el hijo. Es como si la tarea esencial del padre fuera dárselo todo al niño hasta que no quede nada, antes que enseñarle lo necesaria que es la creatividad y lo importante que puede ser la escritura —como forma de ruptura, de reorganización y recreación internas—. No es que la escritura sea una tarea particularmente masculina.

Los hombres no escriben mejor que las mujeres, pero las mujeres en esto pueden estar más divididas. Puede que solo los hombres sean lo suficientemente despiadados como para encontrar el tiempo y el lugar para aprender a escribir. Los hijos pueden ser un marco y una espuela. Si el arte se vuelve indulgente se aleja demasiado del mercado, y al mercado le pasa lo mismo si se aleja demasiado del arte, la paternidad te hace más serio. No supe lo que era concentrarse hasta que tuve hijos. Tenía que seguir adelante, produciendo más, manteniendo a los niños con la pluma, o encontrar, por primera vez, un trabajo propiamente dicho.

De vez en cuando, para menospreciarme con cariño, como si yo tuviera una idea equivocada de quién soy, mi hijo pequeño empieza a maltratarme con el lenguaje más soez, diciendo las cosas más duras que se le ocurren. Entonces me mira nervioso, y pregunta: «¿Aún estás vivo?» Pero hoy está de buen humor, y solo me dice: «Venga, viejo, no te rindas, tú puedes, quizás...»

Correrá con gente más preparada, le digo. Pero no le gusta competir con sus amigos por miedo a perder y a la humillación. Solo me queda decir que si no compites, ya has perdido, que los conflictos te moldean, y que, si puedes, hay que abrazarlos. Pero tiene toda una vida de competiciones por delante: por amigos, amantes, sexo, trabajos. Al sustituir el paraíso perdido de una infancia segura por los caprichos más intensos del amor y el sexo, ganará y perderá. Será envidiado, hasta odiado; disfrutará de los placeres de la bestialidad, y sufrirá por los celos sexuales; eso no tiene cura, nada la tiene.

Al final de la calle veo cuánto se estaba conteniendo. Se deja ir, y acelera por el asfalto hasta la verja, «acabando conmigo», como dice él, y se ríe cuando por fin aparezco.

Por fin estamos en casa; se quita las pesas, y nos tumbamos los dos boca arriba en el suelo. Estamos juntos, y juntos somos felices durante un rato.

EL EXCREMENTO DE SU PADRE:
FRANZ KAFKA Y EL PODER DEL INSECTO

En la famosa y llena de reproches *Carta al padre,* que Franz Kafka escribió en 1919 pero, significativamente, jamás envió, el escritor rememora un lejano recuerdo en que el viejo dejó al niño lloriqueante por la noche en el balcón, «al otro lado de la puerta cerrada», solo porque quería un trago de agua.

«Lo menciono como algo típico de tus maneras de educarme cuando era niño y los efectos que tuvieron en mí. Me atrevo a decir que fui muy obediente después de ese periodo, pero me hizo daño por dentro. [...] Incluso años después sufría por la tormentosa idea de que ese hombre enorme, mi padre, la máxima autoridad, vendría casi sin ningún motivo y me sacaría de la cama de noche y me llevaría al balcón, y que, en consecuencia, no significaba absolutamente nada para él.»

Lejos de ser un padre lejano e insignificante, Hermann Kafka era un hombre abrumador: demasiado ruidoso, demasiado vital, demasiado presente para su hijo; tanto que Franz fue incapaz de abandonarle o romper con él. Aunque Franz escribiera en su diario que «Un hombre sin una mujer no es una persona», y estuviera cerca de casarse con Felice Bauer y, más tarde, con Julie Wohryzek, él mismo no podía convertirse en marido o padre. Franz Kafka estaba comprometido de otra manera: él y su padre estaban sellados en un pulso eterno.

Kafka se toma ese «absolutamente nada» de su *Carta* muy en serio. En los dos relatos aquí analizados, *La metamorfosis* y «Un artista del hambre», escritos con siete años de diferencia, esa «nada» se materializa. Por furia y frustración, los personajes de Kafka usan sus cuerpos inútiles –lo que llama «nadas»– como arma, hasta como bomba suicida, para acabar con otros y, al final, con ellos mismos.

En *La metamorfosis,* por lo general considerada una de las grandes novelas cortas jamás escritas, y piedra fundacional del primer modernismo, Gregor Samsa se despierta una mañana para descubrir que se ha transformado de un ser humano –un dependiente muy trabajador, hijo y hermano– en un insecto, un bicho, o un gran escarabajo pelotero, según la traducción. Y el protagonista de «Un artista del hambre», dedicado a morirse de hambre, se exhibe públicamente en una jaula, donde, con el tiempo, se mata a sí mismo de inanición como forma de entretenimiento público. Como Gregor Samsa en *La metamorfosis,* es barrido al final del relato, tras haberse convertido también en «nada», un montón de basura o excrementos humanos del que todo el mundo se ha cansado. Se reemplaza al artista del hambre por una pantera de «cuerpo noble», un animal elegante que el público acude en masa a ver.

De joven, Franz Kafka, conocido por lo quisquilloso que era con la comida y los ruidos, se hizo seguidor de un excéntrico victoriano llamado Horace Fletcher. (Henry James también fue un «fanático» seguidor de Fletcher.) Conocido como «El gran masticador», Fletcher defendió el fletcherismo, que consistía en masticar cada trozo de comida al menos cien veces por minuto, para ayudar a la digestión. (Una cebolla, por lo visto, se tenía que morder setecientas veces.) Franz Kafka, discípulo de Fletcher, además era vegetariano, y en Praga, nada menos. A Hermann Kafka, por otro lado, le gustaba comer, y, desde fuera, parecía un hombre trabajador, dedicado a su familia, amado por su mujer, a quien fue siempre fiel, y un judío que hablaba checo en una ciudad dura y antisemita. Hermann claramente tuvo una infancia más difícil que su hijo: se puso a trabajar a una edad temprana, se fue de casa a los catorce, se alistó en el ejército a los diecinueve, y acabó instalándose en Praga para abrir una tienda de chucherías. Sus dos hijos pequeños murieron en la infancia y sus hijas morirían en los campos de concentración.

El hijo superviviente de Hermann, el enfermizo y neurótico Franz, que garabateaba y que tenía algo de eterno adolescente, parecía lo que ahora llamaríamos anoréxico. Pese a que su madre, alegremente, le consideraba sano, y se negaba a dejarse engañar por el «espectáculo» de sus múltiples enfermedades, Franz no podía digerir mucho; todo era siempre demasiado. El niño sin duda era fuerte a su manera; era terco y tenaz, una especie de artista del rechazo, y en eso no era raro. Hay muchos tipos de hambre, privación y protesta, y algunas de ellas ya se habían convertido en una forma de circo.

Una generación antes, al final del siglo XIX, en el creciente hospital Salpêtrière del distrito XIII de París, el psiquiatra Jean-Martin Charcot estaba supervisando otra forma de exhibicionismo de los enfermos. En su mayor parte exhibía mujeres histéricas en su anfiteatro semicircular los martes por la tarde, donde «todo París» –escritores como Léon Daudet y Guy de Maupassant, junto con médicos interesados como Pierre Janet, Sigmund Freud y

Georges Gilles de la Tourette, así como también socialistas, periodistas y simples curiosos– venía a admirar a esas strippers de la psique. Algunas mujeres eran hipnotizadas por los interinos de Charcot; también diagnosticó en público a pacientes que no había visto nunca. Y aunque la histeria era un desorden mayormente diagnosticado por hombres y asociado a mujeres, hubo algunos pacientes masculinos: uno había sido un salvaje en un carnaval; otro trabajaba en una jaula de hierro en una feria, comiendo carne cruda.

¿Qué clase de entretenimiento era ese, y qué tipo de enfermedades ensayadas sufrían, estos extraños sonámbulos y contorsionistas, con sus tics, sus parálisis, su animalismo y sus inexplicables estallidos de llantos y temblores? ¿Sus estados eran orgánicos, o era cierto que la enfermedad era solo sexualidad desorientada? ¿Estaban enfermos de verdad? Y, si lo estaban, ¿qué palabras les describían mejor? ¿Y el médico no tiene que herir, antes de poder curar?

Después de una de esas sesiones que tanto contentaban al público, y mientras se documentaba para *El Horla,* su historia de posesión, Guy de Maupassant escribió, en un artículo de diario, que «Todos sufrimos de histeria; la sufrimos desde que el doctor Charcot, ese sumo sacerdote de la histeria, ese criador de histéricos, empezó a mantener, en su establecimiento modélico del Salpêtrière, a una horda de mujeres nerviosas a las que inocula con locura y enseguida convierte en demoníacas».

Sigmund Freud, que estaba estudiando unos meses en París, fue a casa de Charcot tres veces, donde le dieron cocaína para «soltarle la lengua», y se quedó tan impresionado que tradujo algunas de sus obras, y le puso su nombre a uno de sus hijos. Pero Freud habría de dar un paso adelante respecto a Charcot. En lugar de mirar a mujeres, empezó a escucharlas. De obras de arte vanguardista vivientes pasaron a ser seres humanos con historias, traumas y deseos. En lugar de la acción, lo que era revelador aquí era el lenguaje, con sus bromas, inflexiones, omisiones, dudas y silencios. Los locos son gente que no entiende las normas, o que se rige por normas equivocadas, internas más que oficiales; escuchan las voces equivocadas y siguen a los líderes equivocados. Pero los locos, por supuesto, no pueden hacerlo absolutamente *todo*. La locura, como todo lo demás, se tiene que aprender, y, como con los cortes de pelo, cuando se trata de locuras, hay diferentes estilos de moda en una época. Si la locura, y las cuestiones relacionadas con la cordura y la naturaleza humana, son *el* tema de la literatura del siglo XX –¿qué es una persona?, ¿qué es la salud?, ¿qué son la racionalidad, lo normal o la felicidad?–, también hay una conexión con el teatro, y con el exhibicionismo. Como forma de expresarse, estar loco puede ser importante, pero también puede ser significativo que otros presencien esa forma de sufrimiento aislador, para que pueda existir en el mundo común, para que sea una exhibición, que conmueva y afecte a terceros. Entonces es cuando empiezan a surgir más preguntas. ¿Quién está enfermo en esta colaboración particular, el observador o el observado, el doctor o el paciente? ¿Y exactamente qué tienen de enfermos? ¿Acaso la idealización exclusiva de la razón y la normalidad no es otra forma de locura? Y si estos exhibicionistas quieren ser vistos, entendidos o que les reconozcan, ¿qué es lo que quieren enseñar de sí mismos?

Las «esculturas vivientes» de Jean-Martin Charcot, como las podríamos llamar, esas divas al borde de la locura –esas que solo pueden hablar el lenguaje de los síntomas– son parecidas a los personajes femeninos de Strindberg:

fluidas, perturbadoras, indescifrables, indefinibles, hipersexualizadas. (A Kafka le encantaba Strindberg, y escribió en su diario: «No lo leo por leerlo, sino para apoyarme en su pecho. Me sostiene...») Pero en su exhibicionismo –la única forma en que se les alentaba a comunicarse– estas histéricas recuerdan al personaje que se mataba de hambre en «Un artista del hambre».

La mayor parte de la mejor literatura es extraña, extrema e inquietante, tan atrevida, perturbadora y de otro mundo como las pesadillas: pensad en *Las mil y una noches, Hamlet, La nariz, Los hermanos Karamázov, Edipo, Alicia en el País de las Maravillas, Frankenstein* o *El retrato de Dorian Gray.* Si alguien no hubiera conocido nunca a un humano pero hubiera leído sus novelas, se haría una idea muy rara de cómo van las cosas aquí en la tierra: una serie de locuras solapadas, tal vez. Kafka no es una excepción en cuanto a exageración cómica: hace uso de lo improbable y lo grotescamente falso para captar una verdad de la vida diaria.

De todos modos, en la mayoría de los relatos mágicos de transformación imaginativa, el sujeto de la historia se hace más grande o mejor de lo que ya es, una especie de superhéroe, con poderes extra: un niño que sueña con ser un hombre mayor. Una de las perplejidades, ironías y originalidades de *La metamorfosis* es que el cambio es una disminución. Kafka es lo suficientemente astuto como para tomarse en serio sus metáforas, como para enfrentar lo común con lo irreal, lo popular con lo fantástico. Al fin y al cabo, no nos dice que Gregor Samsa se siente como un escarabajo pelotero en la casa de su padre, sino más bien que Gregor se despierta una mañana para descubrir que se ha convertido en un escarabajo pelotero. Como las histéricas de Charcot, Gregor se había alienado de su familia y del mundo, y la historia nos dice que casi todos nosotros podríamos despertarnos por la mañana y descubrir que somos extraños, ya de entrada para nosotros mismos, y que nuestros cuerpos están en algún lugar más allá de nosotros, tan raros como nuestras mentes, y, como ellas, solo apenas en nuestro poder.

«¿En qué me convertiré a través de mi animal?», se pregunta Kafka en 1917, en sus *Cuadernos en octavo*. Ya no quiere ser ni hombre ni adulto. Y sobre el artista del hambre, cuyo cuerpo también está destrozado, nos podemos preguntar: ¿qué tipo de cosa disminuida quiere ser? ¿Es un santo hambriento, un idiota o una víctima sacrificial? La autolesión es la forma más segura de violencia; al menos no eres un peligro para nadie más. Nadie buscará venganza. Dejarse morir de hambre, o convertirse en un insecto, es drenar la propia personalidad, aniquilar la propia historia y acabar convertido en un vacío. Pero ¿a qué ayudan estas transformaciones? ¿Acaso nos está enseñando esta escultura viviente que pedimos demasiado, o que necesitamos muy poco? ¿En qué tipo de demostración está empeñado este anoréxico espiritual?

El «entrenamiento» del artista del hambre recuerda a algunas de las performances del siglo XX, que existían fuera de los museos convencionales, y que seguramente tuvieron mayor influencia en los setenta. Los cuerpos humanos se habían despedazado en las guerras, revoluciones, experimentos médicos, pogromos y holocaustos del siglo XX. Después, los artistas que anteriormente habían desaparecido detrás de sus ideas se convertirían en autobiógrafos manifiestos, usando su cuerpo literalmente como lienzo o material, haciéndose cortes, mutilaciones o fotografías, o bien mostrándose ante el público; un «teatro de la tortura», si queréis, que no enseña la manera en que nuestros cuerpos son un registro de nuestra experiencia, y también lo que nos gusta hacernos los unos a los otros.

A Kafka, a quien tanto le gustaban el teatro y el cabaret, y que odiaba su cuerpo «enclenque», sobre todo en comparación con el físico fuerte, «enorme», de su padre, le interesaba más la constitución torturada del hombre que la forma femenina. No es que a Kafka no le interesaran las mujeres, y no es que no las torturara. Ese era un placer que ni siquiera él podía negarse. Como queda claro por muchas de sus cartas, practicó y desarrolló ese bello arte durante mucho tiempo, hasta que se hizo muy bueno enloqueciendo, provocando y negando a las mujeres. También se esforzó mucho por asegurarse de que ninguna de las mujeres comprometidas con él estuviera satisfecha o fuera feliz. Por si ella se hacía una idea equivocada, o, peor, la correcta –que él era una pantera disfrazada de insecto–, Kafka se describió preventivamente, a su amiga y traductora Milena Jesenská, en 1919, como un «pesado impuro».

Kafka conoció a Felice Bauer en casa de Max Brod en 1912. Ella debió de aterrorizarlo, dado que poco después escribió *La metamorfosis* en tres semanas, dejando claro desde el principio que preferiría ser un insecto o un esqueleto antes que un objeto de deseo femenino. Se aseguró, también, de no escribir nunca un gran personaje femenino. Kafka no podía representar el sujeto erotizado y sexualmente despierto; el cuerpo siempre era imposible y era un horror, y él se esforzó toda la vida por seguir siendo un niño grotesco y enfermo. Se hubieran expuesto demasiado amor y excitación sexual por ambas partes, y Kafka, el escritor paradigmático del siglo XX, es, antes que nada, un escritor del resentimiento, si no del odio. En su visión del mundo –y todo artista tiene una fantasía básica implícita que marca los límites y las posibilidades de lo que puede hacer– solo hay abusones y víctimas; nada más. Las mujeres tenían que aprender, una y otra vez, lo que significaba ser rechazadas. Para Franz Kafka, a las mujeres, ni agua.

Pero Kafka siempre pedía información de sus mujeres, haciéndolas «cautivas con la escritura», como le dijo a Brod en una carta. Insistía en que debían seguir sus instrucciones; siempre quería saberlo «todo», como dice él, de una mujer. Por supuesto, no hay nada en este tipo de voluntad incesante de «saber». No hay ningún tipo de conocimiento en un montón de datos así, y tampoco, sin duda, ningún placer, intercambio, risa o impredecibilidad. Kafka prefería erotizar la indecisión y el dar vueltas en círculo; llegó a amar «una larga e incierta espera», y nunca poseyó a las mujeres que amaba. Quería ser su tirano, no su igual. Al fin y al cabo, conocía a tiranos: había vivido con ellos. Y él, el más amable de los hombres, se tiranizó mayormente a sí mismo hasta que todo se hizo imposible. Masticaba y masticaba hasta que su comida fuera apta solo para un bebé, pero casi nunca tragaba. De la misma manera, las mujeres viajarían para siempre sobre la flecha de Zenón, sin llegar, sin llegar nunca a ninguna parte, siempre de camino... a ninguna parte.

La literatura de Kafka, sus diarios, cartas, cuadernos, cuentos y novelas, y también su vida personal, se han convertido en una obra o un sueño. Eran su autoanálisis y sus relaciones sexuales. Se inventó a todo el mundo con palabras: Felice, Milena, Gregor, Joseph K. y a sí mismo. Hasta el niño creó a sus propios padres. El padre de Kafka, el supuesto supertirano, que le dijo a su hijo que «le abriría en canal como a un pez», fue una de las mentiras más vívidas de Franz Kafka, probablemente una de sus mejores ficciones o creaciones literarias. Para toda la literatura serían los dos una pareja inmortal, siempre codependientes, como Lucky y Pozzo en *Esperando a Godot,* incapaces de vivir unidos o separados, bailando juntos para siempre. Así, cuando Hermann le negó un vaso de agua a su hijo, cuando Hermann se convirtió en el amo que podía dejar morir a su esclavo, la comida y el alimento se convirtieron en el enemigo de su hijo, y la depravación y el fracaso en su tema. La concepción del mundo de Kafka tiene más cosas en común con Beckett que con Joyce o Proust. Tanto él como Beckett son filósofos de lo abyecto, de la humillación, de la degradación y de la muerte en vida, lo adecuado para el siglo XX, una época de padres despóticos y fascistas totalitarios, donde los débiles y los fuertes se generaban los unos a los otros.

Si quieres controlar a los demás, puedes usar la fuerza o probar con la debilidad. Los dos métodos tienen sus inconvenientes y sus alegrías. El padre de Kafka adoptó una postura, su hijo la otra. Era un reparto perfecto de obligaciones, una máquina de torturas que siempre funcionó. Franz se rebeló contra Hermann, quejándose de él todo el rato, mientras parecía que se rebelaba contra las familias y el matrimonio. Pero se quejaba solo porque nunca encontró un padre, una familia o un matrimonio que le gustaran, como el artista del hambre aseguraba que nunca encontró ninguna comida que le atrajese. De lo contrario, asegura, hubiera comido.

Así que Kafka refunfuñaba, se quejaba y rebelaba, pero nunca se sublevó. Nunca derrocó el sistema ni intentó acabar con él, escapar del punto muerto y empezar de nuevo en otro lugar con otra familia, cometiendo nuevos errores. Quizá ninguno de nosotros pueda rechazar nuestro amor por los callejones sin salida. Kafka se refiere a su padre como «la medida de todas las cosas para mí», pero también le llama débil, «con una enfermedad nerviosa del corazón», que es, seguramente, el motivo por el que Franz le escribía en lugar de hablarle. Franz notaba la vulnerabilidad de su padre; un padre enfermo es el doble de peligroso para un hijo con ambiciones. Para poder odiarlo, Franz tenía que mantenerlo con vida, y tenía que asegurarse de que su padre siempre le sacara ventaja. El padre tenía que seguir siendo poderoso. Al contrario que Franz, Hermann fue amado con determinación por una mujer leal a lo largo de toda su vida adulta. Estaba claro que el hijo moriría primero.

Estas historias de Kafka son importantes, tan sonoras e irreprochables en el lugar que ocupan en la literatura mundial, porque exponen una autodestrucción familiar que se basa en agradar o castigar al otro. Como con cualquier ascética, o las figuras a las que Freud, en su ensayo sobre Dostoievski, llama «criminales», Kafka y sus personajes, esas víctimas de sí mismos, llegaron a tiempo para aprender a amar pero también para utilizar el castigo que requerían. Ese martirio histérico se convirtió en una zona de disfrute y libertad mínimos, donde ellos y otros seres marginados –mujeres, judíos, escritores– podían darse su dosis de fresco amor por el sufrimiento cuando quisieran. Podían, también, torturar al otro mientras seguían siendo inocentes, víctimas para siempre. A Kafka le gustaba seguir siendo un esclavo, mientras trataba, indirectamente, de controlar al amo con la escritura. No mucho después de leer las *Memorias del subsuelo,* en 1887, Nietzsche escribe sobre este tipo de figura malévola y resentida en *La genealogía de la moral:* «Ebrio de su propia malicia [...] a su espíritu le encanta esconderse en sitios, pasadizos secretos y puertas traseras. Todo lo encubierto le atrae como si fuera su mundo [...]. El hombre sufre por sí mismo, y es como un animal en una jaula...»

Los abyectos creen que su sufrimiento es una virtud y que es sagrado, que su sacrificio salvará al otro, y, en última instancia, a ellos mismos. En *La metamorfosis,* Gregor Samsa se convierte en un insecto para asegurarse de que su familia sobreviva. Recordad, los personajes de Kafka no tienen nada de absurdo. A pesar de que obtienen, por supuesto, una gran satisfacción por estar enfermos, y a pesar de que su lascivo ejercicio de agonía puede parecer fútil, están –al menos en la fantasía– ocupados salvando vidas, y hacerlo les supone un coste personal. Sin embargo, el padre de Gregor, de manera comprensible, está harto de él, y le lanza manzanas, indicando tal vez que el niño debería tener más pelotas. Con el tiempo, el cuerpo del hijo es barrido por la sirvienta.

En general se creía que el mundo era peligroso, pero que dentro de la familia desexualizada, donde los amables y autoritarios padres lo mantenían todo en su sitio, se estaba seguro. Ese era el ideal burgués de la felicidad familiar, un mito que Freud ayudó a destruir con su propia historia de amor, deseo y muerte, su complejo de Edipo. Kafka ilustró el relato de Freud en *La metamorfosis,* un cuento sobre lo que tendría que hacer un joven para sobrevivir en la complicada pasión de una familia, y lo que tendría que hacer para asegurarse la supervivencia de los otros. Olvidaos de la policía o de los racistas: la gente más peligrosa para ti es aquella a la que quieres, y que te quiere. El amor puede ser peor que el odio, una tierna tiranía, cuando toma forma de control y sadismo. Al fin y al cabo, Kafka nunca dice que su padre no le quiera.

Hacia el final de su vida, pensando en la educación, Kafka citó el mito de Cronos, que devoró a sus propios hijos al nacer para evitar que le destronaran, después de cortarle los genitales a su padre. ¿La educación va sobre hacer florecer, o sobre constreñir, castigar y hacer de policía? ¿Qué quiere el padre que sea su hijo?

Sin embargo, *La metamorfosis* no es solo un cuento sobre cómo unos padres locos, envidiosos, indiferentes o simplemente normales pueden llegar a limitar la imaginación y el sentido de la posibilidad de un niño. Los textos de Kafka, al contrario que sus relaciones, son infinitamente fértiles y abiertos. Ningún artista sabe exactamente lo que dice: el mundo sopla a través de él, y, si tiene suerte, puede que coja algún pedazo, al que dará forma y rehará, pero sin llegar a alcanzar toda la verdad sobre el asunto. Lo dicho y su significado nunca son lo mismo. Así, *La metamorfosis* se puede leer de diferente manera, de otra totalmente opuesta.

Es en esta inversión donde vemos *La metamorfosis* como un entretenimiento terrible, una comedia negra que ilustra cómo un miembro enfermo de la familia, en apariencia el más débil, puede controlar, manipular o hipnotizar al resto, y que no hay mucho que los demás puedan hacer al respecto sin parecer crueles o sin consumirse por la culpa. Como con las muestras surrealistas del maestro Charcot en el Salpêtrière —una producción en cadena de locura—, *La metamorfosis* también trata sobre el poder fascinante de los enfermos y los hechizos que pueden lanzar. El cuento tiene que ver con lo creativa que puede ser la enfermedad y lo mutable que es el ser, y con la poderosa herramienta que es la enfermedad, una que rara vez utilizan solo los incapacitados. Nietzsche llama al hombre el animal «enfermo», y para él los enfermos, en particular los «decidida» o inconscientemente enfermos, son un peligro, absolutamente letales en su poder sádico. Después de todo, con el tiempo Occidente se haría patológico en su tenor emocional, y casi todos, en algún que otro momento, se declararían víctimas de su historia, del trauma, e indefensos ante las garras del pasado. Habría una verdadera proliferación o plaga de diagnósticos de varios «expertos» –consejeros, psicólogos, psiquiatras–, muchos de ellos dirigidos a niños. La enfermedad, equiparada a la inocencia, estaría por todas partes, hasta que el mundo pareciera un hospital.

Al final de *La metamorfosis*, cuando Gregor ha muerto y la sirvienta ha barrido su cadáver, la familia parece libre y reavivada. Dejan al fin el piso, y desde luego el pueblo. Kafka, a quien por lo general no asociamos con finales felices y sanos, escribe con entusiasmo: «La cálida luz del sol llenaba el tranvía, en el que eran los únicos pasajeros. Reclinándose cómodamente en sus asientos, sondeaban sus proyectos de futuro, y tras una mirada más atenta parecía que no estuvieran nada mal.»

En su relato de 1914 «En la colonia penitenciaria», se escribe literalmente sobre el cuerpo de un prisionero condenado con un bolígrafo-daga envenenado durante más de doce horas, hasta que muere, uniendo así los temas favoritos de Kafka en un único relato. Como sabemos, aparte de escribir, el lugar de acción favorito de Kafka era el cuerpo, que le obsesionaba. Pero si Kafka prefería las soluciones somáticas a las políticas, no podemos olvidar que estaba pasando otra cosa, algo importante. Era el escarabajo, el propio hijo enfermo, el que estaba registrando e inventando a la vez la historia como retrato consolidado de lo que ocurría. ¿Quién podría, después de todo, contar la historia de esta familia? ¿Quién tenía el derecho? ¿Y desde qué punto de vista? Nadie autoriza a un escritor a ser escritor. No se entregan certificados de excelencia. El escritor o escritora tiene que ser su propia autoridad y garante. Con Kafka, el miembro más «débil» de la familia llevaba el libro de contabilidad, y su visión impuesta perduró. Tenía el talento para exigir la complicidad del lector.

Y ahí, en sus escritos, se escondió Kafka mientras se presentaba ante la eternidad literaria. Habló desde su escondite. Nadie iba a recibir mucho amor, ni siquiera un vaso de agua, pero quizá tendrían una historia entretenida o siniestra, al menos las que sobrevivieron a la destrucción que, parece ser que no muy convencido, había solicitado. Y Kafka siguió escribiendo, hasta el final. Esa persistencia mostraba la necesidad de escribir, y que algunos relatos podían parecer una cucaracha en la habitación, recordándonos aquello que preferimos no considerar parte de nosotros. La anarquía intrínseca de la auténtica escritura podía convertirse en un ataque, también, a sistemas enteros de pensamiento, como el marxismo o el nazismo, o la religión; siempre en las afueras, los histéricos, masoquistas, insectos y los que se mataban de inanición, pese a su deseo de ser nada, simplemente no tenían cabida en ningún lugar cómodo, haciendo que la gente se esforzase para pensar qué podían significar.

Es una panacea contemporánea que la escritura puede ordenar y avanzar las ideas de la gente, y que con ella se consigue algo de claridad. Escribir puede funcionar como una especie de terapia al exponer lo inconsciente. Escribe tal como te surja y quizá puedas echar un vistazo a cómo te sientes y a quién eres en el fondo. Escribir también puede ser un reclamo para el otro, una carta que pretende ser una novela. Puede suponer una esperanza de cambio, de compromiso, de futuro. Si estamos hechos de palabras, nos podemos deshacer con ellas; pero también las podemos deshacer a ellas.

«Soy incapaz de hablar», anunció Kafka en sus diarios, y, por supuesto, en *La metamorfosis* el insecto resulta incomprensible para su familia al comunicarse solo en un lenguaje privado. A menudo nos dijo Kafka que no podía hablar, por miedo, se supone, a que algo pasase. Hablar y hacer eran el reino del padre, y él lo dejaba para el viejo. Kafka podía pronunciar palabras solo en ciertas circunstancias, y escribir era algo que el padre no sabía hacer. Así que escribir era la única creatividad, el único espacio libre que se podía permitir Kafka, aunque ya se aseguraba de que esa creatividad no se filtrase en su vida ni en sus relaciones. La pregunta aquí tiene que ser: ¿qué le hace la escritura al escritor o escritora? ¿Qué lugar ocupa en su vida?

Pese a los supuestos beneficios terapéuticos de algunas formas de escritura, la obra de Kafka no pretendía ser una cura. Ninguno de sus personajes puede cambiar ni ser redimido; son trágicos, sus instintos les llevarán inevitablemente al punto cero de la muerte. El destino es un padre, y no se puede escapar de él. El arte, para Kafka, se convirtió en un importante «en lugar de», un sustituto de la acción y el habla. Al transportar su mundo interior fuera del círculo mágico de la familia –y a la página–, escribir le salvó la vida y al mismo tiempo le impidió vivir. *La metamorfosis* y «Un artista del hambre» muestran lo que podemos llegar a ser si no logramos ser artistas. Esas son, si queréis, vidas alternativas. No es que Kafka solo se escondiera a garabatear en su madriguera de palabras. Mientras escribía, no tenía miedo: en su mesa tenía pocos escrúpulos sobre lo que decir, y su postura era extrema y destructiva. Los personajes de Kafka no son timoratos, débiles ni indecisos. Son seres poderosos, y las alteraciones que eligen tienen un efecto dramático. La obra de Kafka era un violento ataque fantaseado contra sí mismo y el otro, a través de su propio cuerpo. Estetizó su sufrimiento, aunque ni siquiera eso era lo suficientemente satisfactorio. Al final, tuvo que atacar el cuerpo de su propia obra, por lo visto pidiéndole a Brod que quemara sus escritos inéditos.

Escribir nunca sería curativo para Kafka; siempre estaba todo lo enfermo que necesitaba estar. En cambio, escribir era una fantasía de dominación, una especie de malabarismo, que lo dejaba todo como estaba hasta que se desvaneció y murió. De lo contrario, la vida de Kafka más allá de su mesa sería siempre y únicamente un masoquismo altruista. A veces son necesarias esas estrecheces. Kafka creía que lo que se le daba mejor eran las palabras; vivía para escribir; estaba «hecho de literatura» y ahí era omnipotente, ejerciendo el control dentro de la ilusión de la literatura.

En 1921 Kafka escribió en su diario: «Impresiona lo sistemáticamente que me he destruido...» Pero tanto él como sus lectores fueron siempre conscientes de su fachada de Cristo. Su autorretrato como insecto y la perversa insistencia en lo inocente aseguraron que su destructividad nunca fuera un secreto. Kafka insistió repetidas veces en esa autoanulación y en la vergüenza que le había causado. Pero nunca acaba de convencer del todo. Se autoengañó, como hace la gente, por buenas razones. Detrás de su pose había más cosas de las que pudiera saber o admitir. Siempre fue «diabólico», como dijo en su diario, «en su inocencia». ¿Acaso el insecto y el artista muerto de hambre no suscitan mucho asombro y confusa atención antes de empezar a aburrir a sus espectadores? ¿No tienen, al menos, un público? Y mirad, parece que digan sus personajes, ¡mirad lo que me habéis hecho hacerme a mí mismo!

No es que el insecto o el artista del hambre sean todo lo que es Kafka. Mientras Kafka nos recuerda las cosas importantes –el abuso de autoridad y la imposible estupidez de la burocracia y la justicia, el siempre sufriente cuerpo y la proximidad de la muerte, lo vil que puede parecer la otra gente–, los escritores son más grandes, más inteligentes y casi siempre más creativos que sus personajes. Tienen que serlo: el escritor es todo el libro y todos los protagonistas, no solo una parte. Desde su lugar en el centro de la escena, el escritor o la escritora ve detrás del relato, y más allá. En la escritura, el horror les pasa a los personajes, no a uno mismo. El escritor no puede ser la víctima de esa historia en concreto, la historia que cuenta, porque aunque un libro pueda ser una colección de posibles destinos, esos no son los destinos que se encontrará. Esa no es la puerta que tiene que cruzar.

Kafka le escribió a Brod poco antes de morir: «Lo que he orquestado va a ocurrir de verdad.» Sus síntomas se habían convertido al fin en su vida. Pero, pese a sus apremiantes protestas de desesperanza, su deseada pasividad y su inclinación por el victimismo, Kafka siguió siendo un progenitor omnipotente. El mundo está hecho de palabras, y él era el padre de sus textos, convirtiéndose así en el padre de su padre, el que tenía el poder, el que contaba la historia como la veía e invitaba al lector a que tomara partido por él. Un modelador y una autoridad en su realidad de ficción, Kafka construyó, estructuró y organizó un mundo efectivo, dirigiendo todas sus partes. Como las actuaciones de los martes del maestro de ceremonias y hombre del espectáculo que era Charcot, toda la escena era obra del escritor, y, como Charcot, este esperaba la complicidad del público, y que su interpretación confirmara su forma de ver el mundo. Kafka era el maestro que aún leemos; era el más débil y el más fuerte, y, a través de sus palabras, los mantuvo a todos –a su familia y a sus personajes– vivos para siempre.

LA VARA Y LA HERIDA

He acabado por adorar mis plumas y a menudo se me puede ver acariciándolas, sobre todo mi vieja Montblanc clásica. Pero me he enamorado de una nueva Montegrappa negra, con su funda brillante, su peso y su plumilla flexible. Una de mis ocupaciones favoritas es estudiar el catálogo de Montegrappa, pasar lentamente las páginas satinadas, convenciéndome de que necesito la pluma turquesa, y de que no puedo vivir un minuto más sin la edición limitada de St. Moritz. No es que las plumas caras sean mejores que las baratas. Uso estilográficas Lamy todos los días, así como sus bolígrafos, de varios colores. Muji es excelente para bolígrafos de gel ligeros. Pero a veces solo sirve un lápiz... Y, aun así, depende mucho del tipo de papel que uses y de qué plumilla corre mejor en cada superficie...

Un escritor puede acabar amando la memorable parafernalia de las herramientas de escritura, y las tintas, de qué color y en qué lugar, como los guitarristas sus guitarras, los fotógrafos sus cámaras y los fetichistas sus cosas. Me gusta ver decorada la página en la que estoy. Quiero que mi arte o mi oficio –escribir– se parezca a una actividad física como el dibujo. No es solo una forma de pasar el tiempo

79

hasta que te tienes que comprometer con la agonía de empezar. En cuanto a frases y párrafos, me gusta que la disposición de la página quede bonita; es parte del placer de mi trabajo, como también lo es admirar arte mientras escribo en lugar de leer las palabras de otros.

Por supuesto que este placer es solo un hedonismo menor, porque ¿cómo me iba a olvidar de que crecí en los sesenta, cuando el placer seguía escondido, era subversivo e irreligioso, y cuando chupar un cigarrillo podía parecer decadente? Últimamente, en mi tiempo libre, he empezado a tumbarme en el sofá mientras pienso en hedonistas que admiro, o que admiraba. Pienso, en particular, en un buen amigo que murió hace poco, un antiguo técnico de giras, detective privado y narrador –un hombre capaz de hacer que el mundo pareciera un lugar por el que merecía la pena levantarse– que el año pasado nos explicó a mi hijo y a mí, sentados en el café del Pan de Azúcar de Río, que una vez se folló a seis mujeres en un día. Qué de moda estaba no cuidarse ni cuidar a los demás en los sesenta, y sobre todo en los setenta; andar lo más cerca posible del peligro y la muerte, donde las cosas se ponían serias y parecía que importaban más que nada: qué importante era ser una amenaza para uno mismo, por no decir para los otros. Los Velvet Underground, con sus cuellos de tortuga negros y sus aspectos mortecinos, fueron una influencia impresionante. Con su pelo rubio teñido, Charlie Hero, en *El buda de los suburbios,* acecha el patio de colegio con autoridad porque tiene el álbum de Velvet Underground & Nico bajo el brazo...

Pero en cuanto al hedonismo comprometido, siempre está el riesgo de que se dé en exceso. Si, en algunas circunstancias, las drogas te pueden hacer daño, el trabajo puede ser peor. El siempre fiable Nietzsche, a la hora de la verdad, lo describe como «el mejor policía», y enfrenta el trabajo –labores embrutecedoras– a otras cosas más importantes como «pensar, soñar, preocuparse, amar, odiar», sugiriendo que el trabajo de verdad nos organiza con demasiada facilidad y excluye demasiadas cosas. Usamos el trabajo como disciplina para matar nuestros impulsos más interesantes y apasionados.

Si el texto literario más importante de la posguerra, *Esperando a Godot*, trataba sobre la insoportable pesadez del aplazamiento, sobre lo loco que te puedes volver cuando no ocurre nada importante, crecimos –el tipo de capitalismo que estaba en boga en aquella época– en un momento de gratificación instantánea. Esperar, y frustrarse, ya no estaba permitido. Lo queríamos todo, aquí y ahora.

Así que cuidado: si solo hay placer, atraerá muerte y destrucción. El sacrificio siempre es tentador. Los buscadores de placer explotan, se vuelven locos o si no se arruinan, como si ese fuera el privilegio más perverso. El fin natural del placer sería la adicción, una estrechez letal, donde uno encontraría, por fin, una frontera o un límite.

La pregunta importante tiene que ser: ¿cómo nos podemos proteger de nuestra propia destructividad, de esos arranques de los que se maldicen a sí mismos? ¿Cómo podemos llegar a ver que estamos siendo autodestructivos? ¿Dónde podemos encontrar mejores imágenes de vidas buenas?

Hacer arte representa un cruce de caminos donde colisionan las cosas buenas, donde chocan, fructíferos, el deber, la magia y la creatividad. Ser un artista es una manera de estar interesado en las otras personas sin tener que acostarse con ellas. Hay una frase válida de la analista británica Ella Sharpe: «La sublimación es, en su propia externalización, un reconocimiento de los poderes que albergamos para amar y odiar.»

No todo se puede sublimar; una cosa no se puede convertir en otra indefinidamente. Ni se puede olvidar o renunciar al elemento excluido; tiene que encontrar peligro y un objetivo o enfermarás de insatisfacción, y te volverás insoportable para ti mismo. El hedonista, el ladrón de coches y el adicto están a salvo de esto; no les pasará nada nuevo porque han cancelado su futuro. Ya se han asegurado de que lo malo haya ocurrido.

Tras una encuesta rápida, veo que los amigos que han aguantado con más alegría, si no felicidad, son los artistas o artesanos, los que, por muy fútil que pueda ser su trabajo, siguen trabajando. Siguen adelante: el trabajo puede ser excéntrico, exagerado o delictivo, pero el artista tiene que dar forma y controlar las volteretas de su imaginación para hacer algo por los demás, soportando la frustración de transformar las eternas ensoñaciones en significado. Todo trabajo es productivo, un saludo, una ola sobre un abismo, mientras el público oye por encima aquello por lo que está pasando el artista.

Los artistas tienen que vivir al borde del fracaso. No puede haber ninguna omnisciencia; cualquier obra podría ser un triunfo, un desastre o un poco de cada. La dificultad tiene que ser proporcional, y el trabajo no puede ser imposible. La pluma es un instrumento más que útil; es una vara que invoca lo desconocido a la existencia.

EL ARTE DE LA DISTRACCIÓN

El otro día se me ocurrió que tenía que hacer más ejercicio y tenía que empezar a saltar. Conseguí una comba de cuero con pesos en las manillas, esperé a que oscureciese y salí a la calle. Tras asegurarme de que no venía nadie, empecé a botar en el asfalto. Supongo que habría saltado un poco cuando era niño, porque me acordaba de cómo se hacía. Como soy un tipo decidido, por no decir empecinado, al cabo de unos días mejoré; podía aguantar más tiempo. Pero eso era todo: no saltaba más; mis rodillas no lo soportaban, y no tardaba en quedarme sin aliento. Tampoco podía hacer los saltos, giros, quiebros y brincos de niña que había visto en internet. Repetía los mismos saltos, pequeños y pesados, una y otra vez. Pronto tuve que deducir que había llegado a mi nivel. El único camino sería de bajada.

Mi hijo de trece años salió a la calle y dijo que le gustaría probar con la comba, si no me importaba. Se la pasé y empezó a lanzarse en todas las direcciones a la vez, cruzando los brazos, brincando y moviéndose de un pie al otro mientras imitaba a un cosaco; luego lo hizo todo al revés, cantando una canción de los Beatles. Era conmovedor y educativo que me enseñara mi propio hijo. Tuve la esperanza de que se presentase pronto una oportunidad para castigarlo.

Su fácil demostración comparada con mi ineficiencia me trajo recuerdos infantiles de ser humillado por mi padre en los suburbios de Londres donde vivíamos. En India papá había sido, por lo visto, brillante en críquet, squash y boxeo. De joven nunca pude llegar a su nivel; tampoco teníamos las comodidades, ni un sol que nos ayudara a tener la oportunidad. O quizá papá se aseguraba de que no pudiese alcanzarle. Comoquiera que fuese, mi padre, trágicamente, quería sobre todo ser escritor, y resultó que no se le daba bien. No se rindió, pero nunca llegó a ser tan bueno como le hubiera gustado, y sus obras literarias le proporcionaron pocas satisfacciones y autoestima, sobre todo cuando yo empecé a triunfar.

A mi hijo, el que sabe saltar y cantar, le costó, durante mucho tiempo, leer y escribir al mismo nivel que los de su edad. Le habían suspendido en primaria, y hasta le habían insultado y castigado por su ineptitud. Llamaron a unos expertos, le examinaron y le regañaron un poco más, y al final le etiquetaron de disléxico y dispráxico.

El diagnóstico supone, al menos, un cierto alivio. Uno no está solo, sino que se une a una comunidad de otros que parecen tener un mal similar. Pero ¿hay que considerar un «mal» la incapacidad de hacer algo en particular? ¿El hecho de que yo no sepa bailar un tango, leer música o hablar ruso se consideraría un «mal»? ¿Es un fracaso de mi desarrollo? ¿Estoy enfermo?

No me impresionó demasiado la imaginación ni la curiosidad de los expertos: usaban un lenguaje peculiar, que objetivaba, y sonaba prestado más que ganado, y ninguno hizo la conexión elemental entre mi aptitud para leer y escribir y la inhabilidad del niño, o su rechazo. Y los expertos no suelen tardar mucho en ponerse a hablar, con mucho estilo, sobre cerebros y sustancias químicas. El determinismo biológico es una de las estratagemas más feas de la psicología, al apartar al poético humano de cualquier problema.

Puede parecer que apelar a las certezas de la ciencia solucione por fin cualquier cuestión. Pero este, más que científico, es un problema ético. Son los valores, no los hechos, los que están en juego aquí. Es en el irritante reino de lo humano donde están las dificultades interesantes, y donde uno va a tener que pensar en y lidiar con la historia, las circunstancias y las reacciones de un individuo. Es el intento de estandarizar al ser humano y una idea muy limitada del éxito que es limitador, prohibitivo y abusivo.

Un conocido de dieciocho años de uno de mis hijos mayores mencionó que un médico le había recetado Ritalin, a petición de sus padres. No se concentraba en el colegio; su mente, dijo, se dispersaba en varias direcciones. No acababa nada, y le angustiaba quedarse rezagado en la vida, y eso le deprimía. Le dije que quizá sus profesores eran aburridos, o que quizá tenía otras cosas más importantes en la cabeza. Pero insistía en que la medicación le hacía concentrarse. Me preguntó si me gustaría poder concentrarme cuando quisiese.

Es una buena pregunta, y pensé en las virtudes de estar concentrado, y en lo que se podía conseguir con todo el foco de concentración, en un intenso y cautivado círculo de atención, cuando la mente, el sentimiento y la voluntad están enlazados. De adolescente, sobre todo, quería que se me diesen bien las cosas, brillar, pero, como el chico del Ritalin, suspendía mucho en el colegio, y me veía no solo incapaz de aprender, sino el último de mi clase.

Dejé la secundaria y una violenta cultura callejera casi skinhead, con tres tipos de evaluación distintos, con la sensación de haber sido apaleado durante cinco años. Por suerte me podía decir a mí mismo que aún estábamos a finales de los sesenta, que era un rebelde y no encajaba; nadie con imaginación lo haría.

Cuando pienso ahora en aquella época de desgracia, veo que no disfrutaba de una distracción creativa, de unas vacaciones de la pesadez de una mala educación, sino que estaba teniendo una rabieta. Al cerrarme a los demás, sufría de una forma de anorexia intelectual: el rechazo a recibir algo, a aceptar algo. De resultas de ese obstaculizarme a mí mismo, perdí la esperanza y creí que nunca mejoraría ni conseguiría nada. Fue un periodo corto de mi vida, pero no he olvidado ese déficit primero. A veces me pregunto si aún lo estoy compensando. Fue un alivio para mí descubrir que tenía alguna habilidad como escritor, aunque eso fue más tarde, y tardé mucho en ver su valor, en entender que tenía un don y algo de inteligencia, y que los podía desarrollar, e incluso construir mi vida a su alrededor.

Cuando suspendía –algo que te hacía sentirte muy solo–, envidiaba el amor y los elogios que recibían los listos y competentes. Creía que cualquiera querría esa atención y esa admiración, y que levantaría sus ánimos. Ser competente, para mí, era preferible hasta a la belleza, porque cualquier consideración que recibieras era porque te la habías ganado y merecido.

Yo ahora sí que consigo cosas; los libros se acaban, y se empiezan otros proyectos que también se acaban. Toman el tiempo que toman, y los descansos son tan importantes como la continuidad. Solo un tonto o un educador profesional creerían que alguien tendría que ser capaz de soportar el aburrimiento y la frustración durante muchas horas seguidas y que eso sería un logro. Por supuesto, sin la habilidad de soportar lo desagradable no se consigue nada, pero la concentración sigue al interés y la ilusión, y los adultos tienen la obligación de darles cosas buenas a los niños, mientras que estos tienen que encontrar la manera de aceptarlas.

Lo que le podría haber dicho al amigo de mi hijo es que es incontrovertible que a veces las cosas se hacen mejor cuando estás haciendo otra cosa. Si estás escribiendo y te bloqueas, y te vas a preparar un té, mientras esperas a que hierva la tetera lo más probable es que se te ocurran buenas ideas. Creer que una frase debe tener una forma determinada no funciona; tienes que esperar a que tu propio juicio te informe, cosa que, con el tiempo, suele hacer. Merece la pena tener algunas interrupciones si crean el espacio para que surja algo del fértil inconsciente. De hecho, algunas interrupciones son más que útiles; puede que sean más bien momentos de comprensión, y pueden ser tan informativas y tener tantas capas como los sueños. Puede que sea ahí donde está la emoción.

Se podría decir que hay que prestarle atención a la intuición; que uno puede aprender a prestarle atención al yo escondido, y que puede que haya algo ahí que merezca la pena escuchar. Si el chico del Ritalin prefiere la obediencia a la creatividad –¿y quién puede culparle por querer animar a las autoridades?–, puede que esté sacrificando sus propios intereses de una manera que, con el tiempo, le puede enfurecer. Una mente caprichosa puede estar de camino a alguna parte.

Puede que estuviera deprimido de adolescente, pero no estaba cerrado a disfrutar de algunas preciosas distracciones. Como mi padre había aparcado buena parte de su biblioteca en mi habitación, cuando me aburría de estudiar cogía este o aquel volumen y los hojeaba hasta que veía algo que me interesaba. Acabé por encontrar, más o menos al azar, cosas fascinantes mientras se suponía que hacía otra cosa. Algo parecido pasaba cuando escuchaba la radio, cuando entré en contacto con artistas y músicos que de otra manera nunca habría conocido. Al menos había aprendido que, si no podía aceptar la educación de parte de nadie, tendría que ser yo el que me alimentara.

Desde este punto de vista –el de la deriva y el sueño; el de buscar los intereses, el de perseguir esto o aquello porque parece vivo–, el Ritalin y otras formas de imposición y de acción policial psicológica son el equivalente contemporáneo de esa vieja práctica de atar las manos de los niños para que no se toquen los genitales en la cama. Los padres atontan al hijo por el bien de los padres. Eso no conlleva solo el alejamiento de lo interesante: están la fantasía y el terror de que alguien aquí se convertirá en la víctima del placer, y desaparecerá en una espiral de disfrute de la que no volverá.

Es cierto, sin embargo, que mucha gente, a menudo llamada obsesiva, se ha pasado la vida distraída, alejándose, sin saberlo, de lo que más quiere, cociendo así en su interior el veneno de la decepción, la amargura y el desespero. Pero aún hay, como parecía saber el chico del Ritalin, formas mucho más dañinas de distracción. Nos podemos atacar sin darnos cuenta: lo podemos llamar deseo depravado, como si estuviéramos poseídos por un demonio cuyos susurros son crueles disminuciones del ser que destruyen la creatividad y las conexiones valiosas, hasta que la enervación y el autodesprecio provocan una muerte en vida.

Se ha dicho que las distracciones son más fáciles ahora que los escritores usan el ordenador, aunque es igual de fácil volar por la ventana de la mente hacia la fantasía. Al final, una persona necesita un método. Quiero decir que él o ella tienen que distinguir entre distracciones creativas y destructivas por el tipo de regusto que dejan, por si se sienten satisfechos o vacíos. Y esto solo funciona si uno tiene, en la medida de lo posible, buena comunicación consigo mismo, si está, como si dijéramos, de su lado, si se cuida con imaginación, si es un artista de su propia vida.

A medida que nos desesperamos económicamente, y nos hacemos más conformistas y sujetos a las normas, nuestros ideales de competencia se vuelven crueles y engañosos, haciendo que la gente se sienta perdedora. Quizá nuestras distracciones son algo más. Quizá tengamos que ser irresponsables. Pero ir detrás de una distracción requiere desobediencia y autonomía; no acabar algo acarreará ansiedad, igual que apartar la mirada o no mirar donde otros querrían que mirases. Por eso puede ser que la mayoría del arte sea colaborativo –cine, música pop, teatro, ópera–, o esté hecho por artistas individuales que se apoyan en diferentes formas de acuerdos laxos, donde la gente puede encontrar la solidaridad y la ayuda que necesita.

FINES DE SEMANA Y ETERNIDADES

El matrimonio como problema, y como solución, ha sido siempre el tema central del teatro, la novela y el cine. La mayoría de nosotros viene de un matrimonio, y, seguramente, de algún tipo de divorcio, y los dos reúnen las cosas más serias: sexo, amor, hijos, traición, aburrimiento, frustraciones y propiedades. Las preguntas que giran en torno a las relaciones largas –¿cómo es vivir con otra persona durante mucho tiempo?, ¿qué esperamos?, ¿qué necesitamos?, ¿qué queremos?, ¿qué relación hay entre la seguridad y el entusiasmo, para cada uno de nosotros?– son las más importantes que nos podemos hacer.

Ambientada en el París actual, *Le Week-End* es una película que hice junto al director Roger Michell, con quien había trabajado en la serie de televisión *El buda de los suburbios* y en otras dos películas, *The Mother* y *Venus*. Las películas se centran, en su mayor parte, en un tema que creíamos que había sido olvidado por el cine: las vidas y pasiones de la gente mayor, cuyas angustias y deseos, nos parecía, eran tan intensos, si no más significativos, que los de la gente joven.

Le Week-End trata sobre Nick y Meg, una pareja de mediana edad, ambos profesores, uno en un instituto, el otro en la universidad, que se van a París a celebrar su treinta aniversario de bodas. Una vez ahí hablan sobre el sentido y la dirección de su matrimonio ahora que sus hijos se han ido de casa. Se están quedando sin tiempo y sin salud, teniendo en cuenta su vejez inminente, y se preguntan qué tipo de futuro quieren, si juntos o separados. Piensan sobre cómo morirán, pero la pareja también tiene que hablar sobre cómo han vivido: la manera que han tenido de educar a sus hijos, y cómo han hecho que la familia funcione, dónde ha fracasado, y dónde hay remordimiento, amargura e incluso furia.

La película muestra los estragos del tiempo, pero también la labilidad del pasado, su significado y su valor, diferentes para cada uno de ellos, y cómo, ahora que lo hablan, pueden parecer tan inestables como el futuro. Miran en la misma dirección, pero no pueden ver lo mismo. No se pueden poner de acuerdo con ninguna narrativa.

Su breve estancia, sea lo que sea, será un tiempo de conversaciones difíciles. ¿Y si se le ocurre a uno de los dos que su relación fue un error, que no se parece en nada a sus esperanzas originales y que podrían haber tenido una vida mejor en otra parte? Mientras tanto, ¿qué se han hecho el uno al otro? ¿Ha habido daños? ¿Para qué se han usado el uno al otro?

La pareja es de un suburbio de Birmingham, donde llevan décadas dando clase. Pero «El siglo XX estaba en París», dice Gertrude Stein en *Paris France*. Y París, en sus imaginaciones provincianas de Inglaterra, representa varias cosas deseables: las ideas frescas y el radicalismo de los sesenta y las barricadas de 1968, junto con las revoluciones intelectuales de su juventud, ejemplificadas por Derrida, Althusser, Lacan, Foucault. También hay revoluciones personales: la idea de la relación «abierta», pero comprometida y entre iguales, representada por Jean-Paul Sartre y Simone de Beauvoir, para quien «el juego del amor» –el rondó de la seducción, el rechazo y el cambio– no tenía que acabar nunca. Como escribe Stendhal en *Del amor,* «los placeres de la vida privada se tienen que ver aumentados a un nivel infinito por exposición recurrente al peligro». Pero ¿era verdad que el amor se podía convertir fácilmente en una forma de deporte o distracción frívola? ¿Seguro que el amor no estaba tan cerca del deporte como el sexo de hacer ejercicio?

Tanto como estas preguntas esenciales, París, para nuestra pareja, representa también la continuidad, y un ideal de civilización. Significa cierta calidad de vida a la hora de vestir, sexo, transgresión, tolerancia, conversación, bohemia. A esta pareja les gusta comer bien; es en los restaurantes franceses donde encuentran, juntos, un disfrute sensual, quizá ahora el único lugar en el que hay colaboración e intercambio real entre ellos.

En los suburbios londinenses de los cincuenta y sesenta, donde crecí con relativa seguridad después de las turbulencias de la guerra, todo, al parecer, estaba fijado para siempre. El paradigma era el matrimonio convencional. Mi padre, un exiliado de la división y los conflictos religiosos de la India colonial, recorría cada día un buen trecho hasta el trabajo, y mi madre estaba orgullosa de ser ama de casa. La relación entre trabajo, matrimonio y ocio estaba organizada a la perfección. No faltaba nada; ya estaba todo ahí. Lo único que tenías que hacer era encajar. Esa, al menos, era la idea.

Como Nick y Meg saben ya, el matrimonio libera, con suerte, un tipo particular de amor compasivo. Pero domestica el sexo. La pareja es extra-íntima. Saben demasiado el uno del otro. Sin obstáculos, no puede haber fascinación.

¿Cómo puedes desear lo que ya tienes? Eso no es todo: los acuerdos que el matrimonio necesita para sobrevivir –seguridad, duración, fiabilidad, repetición– pueden parecer liberadores en su continuidad, o asfixiantes, según tu naturaleza. Como venía de un lugar más peligroso, y quería satisfacción, los suburbios le iban bien a mi padre. Pero vivir ahí tenía algo que te podía hacer gritar. Para algunos nunca sería suficiente. Podías aprender, como Nick en París con su mujer –a quien aún quiere y necesita–, que el problema del deseo no es que no te puedas librar de él, sino que hay demasiado. Está siempre presente, y siempre presiona, por mucho que quieras pasarlo por alto. No puedes desear que se vaya, y no lo puedes reemplazar por un sustituto.

Con astucia o con locura, John Cheever se fue a vivir al corazón del Sueño Americano en un suburbio de Nueva York, más próspero que el mío. Era un artista homosexual, alcohólico, que quería ser un hombre heterosexual casado. La máscara y el mito exigían que representara los gestos de la servidumbre y restricción necesarias para vivir ese tipo de vida humillante e incapacitadora. Cheever lo intentó con fuerza, y eso le permitió convertirse en artista. Pero nunca funcionó; nunca lo haría. El caos volvía, y cualquier imbécil lo hubiera previsto, hasta el propio Cheever, en según qué estados de ánimo. Tal vez solo puedes llegar a entenderte hasta cierto punto.

Muchas de estas cosas aparecen en la literatura americana de aquel momento. Y siempre es la misma pregunta: ¿valió la pena la represión? ¿Se sacrificó demasiado de lo esencial por esos ideales? ¿Cuánto podrías sacrificar de ti mismo sin dejar de ser una persona «auténtica»? ¿No podría haber maneras menos dolorosas o difíciles, más satisfactorias, de vivir, más en la línea de la «naturaleza humana», como habrían dicho los románticos?

94

Una versión interesante de alguien que se preguntaba sobre esto era Wilhelm Reich, el objeto de una biografía de Christopher Turner. Psicoanalista formado por Freud en Viena, y establecido en Estados Unidos en los años cincuenta, él y otros «liberacionistas» de la época, como Norman O. Brown, Herbert Marcuse y R. D. Laing, reflexionaban sobre cómo el deseo puede liberar a la gente de modos opresivos y frustrantes de vivir. Según Reich, una vida equivocada podría hacer que tu cuerpo se quedara rígido, inflexible y torpe. Dice, en *La función del orgasmo,* «que el ser humano medio de ahora ha perdido el contacto con su verdadera naturaleza», y habla de «las incrustaciones y rigideces en la vida emocional del ser humano».

Reich pensaba que Freud era convencional y pesimista, y creía que no llegaba lo suficientemente lejos a la hora de reconocer el lugar central de la sexualidad en la vida humana. Para Freud, la renuncia posibilitaba algún tipo de felicidad, mientras que Reich quería saber por qué tenía que haber renuncia. ¿No estaban atacando los humanos aquello que estaba más vivo en ellos mismos: su capacidad para el amor? ¿Acaso no estaban las estructuras fascistas y autoritarias dentro del individuo? Claro que lo estaban, argumentaba Freud. Pero la gente amaba sus enfermedades; querían ser infelices; lo último que deseaban era el placer. Un «eros total», o cura definitiva, era imposible.

Reich no tardó mucho en abandonar lo más peligroso –el habla– y la idea de «la cura por el habla». Hablar tomaba demasiado tiempo; era indirecto e inconcluyente. Empezó a tocar a sus pacientes en la creencia de que más orgasmos, y más fuertes, eran la solución. Una ráfaga plena de placer, de potencia orgiástica, te permitiría ver que habías vivido mal, o de una forma no acorde a tu naturaleza. Esta visión evangelista, desde nuestra época incrédula y cínica, puede parecer lo menos importante. Pero Reich había dado con algo. Si no te guía el placer, ¿qué lo hará? Reich tenía alguna noción de la creatividad del deseo sexual, y del precio que pagas al reprimirlo. Y mucha gente se ha despertado de un cierto adormecimiento por lo inesperado del amor o el sexo, y por la sensación de apertura y posibilidad.

Me acuerdo de una de mis alumnas, una mujer de unos cuarenta y tantos años, que me explicaba una historia larga y conmovedora sobre cómo se «despertó» emocional, sexual e intelectualmente cuando se enamoró de un amigo de su marido. Su amor causó un trauma enorme a las dos familias, pero valió la pena, dijo. Al final, habría habido más sufrimiento –energía gastada, amor por estrenar, pasión no usada– si se hubiera quedado en el *statu quo*.

Los revolucionarios de los sesenta reclamaban nuevas maneras de ser y formas alternativas de interacción social. Sin embargo, lo que normalmente quiere el adúltero es mejores relaciones, charlas, apoyos y placeres. Su pregunta es: ¿cómo podemos conseguir lo que queremos portándonos bien, lo cual significa, como mínimo, que no nos avergonzamos de nosotros mismos?

Los infelices no sirven para nadie. Los infelices son peligrosos. Los descontentos y hastiados se vuelven perversos y sádicos. Los adúlteros no son utópicos por fuerza: el adulterio solo muestra la posibilidad del significado, de la esperanza y el amor. Mi alumna no quería algo así como la «liberación total» –una revolución, una nueva organización social–, solo un matrimonio satisfactorio. Y vale la pena destacar de las heroínas clásicas de la literatura –Anna Karénina o Madame Bovary, e incluso los personajes de *Breve encuentro,* de David Lean– que no son transgresoras compulsivas. Piden muy poca cosa y lo piden todo, que para ellas es un amor más pleno y satisfactorio. La felicidad total es una ficción, pero algo de felicidad es posible; de hecho, es esencial. Puedes llegar a «realizarte» en relación con algunas personas, y vale la pena tratar de encontrarlas. Pero se paga un precio. Algo radical tiene que cambiar para hacer que esto sea posible –sin duda, para las mujeres, por lo que a la sociedad respecta–, y habrá una culpa de la que no podremos escapar.

Comparados con Freud, Reich y sus coetáneos demuestran, al final, ser más limitados, si no directamente conservadores, al concentrarse en una idea tan pequeña de las necesidades y la plenitud humanas. Freud tenía la amplitud de miras de un novelista; Reich era un escritor de titulares. Si es imposible evitar algún tipo de restricción, la pregunta es: ¿qué restricción?, ¿y dónde, cuándo?

Nick y Meg van a París porque el amor es el asunto más importante, y necesitan saber qué tipo de relaciones hacen que la vida valga la pena, y, si tienen un futuro en común, cómo puede llegar a ser. ¿Juntos sufren menos que separados? La decisión que toman al final de la película solo puede ser provisional, y se tienen que enfrentar constantemente a las preguntas que se hacen, porque no hay una única respuesta que les satisfaga.

LA PUERTA ESTÁ CERRADA

Lo último que más o menos recuerda Farhana antes de encontrarse en el boulevard Saint-Germain es a su hijo Yasin despertando a su chófer y a su guarda, y ordenándoles que la llevaran al aeropuerto de Karachi. Como Yasin estaba demasiado borracho para llevarla él mismo, les pidió a los hombres que la pusieran en el vuelo de las dos de la mañana a Estambul, donde podría hacer escala para París.

Yasin, que hacía poco la había arrastrado por el suelo de mármol cogiéndola de su dupatta de chifón de seda más bonita, y le había pegado una bofetada con la palma de la mano, partiéndole el labio, ahora se arrodillaba ante su madre. Dijo que después de su comportamiento sería mejor que no volviera a Pakistán. Y como dudaba de si iba a llegar a viejo, o de si volvería a Occidente, era, como dijo él, un adiós, o «*khuda hafiz*».

—Que Alá te proteja, y, no lo olvides —dijo su madre, meneando el dedo hacia él mientras la ayudaban a entrar en el coche—, Alá siempre te observa.

Le oyó reír mientras subía la ventanilla.

A la mañana siguiente, envuelta una vez más en su gabardina favorita, paseaba por su ciudad de adopción. Primero iría al mercado; después, quizá, iría a una exposición, o a La Hune otra vez, su librería favorita, o a los otros sitios maravillosos de la margen izquierda donde vivía, vendiendo papel hecho a mano y baratijas estrafalarias. Por la tarde le gustaba ir a Las Tullerías o al Luxemburgo a por un sorbete, y observar a los niños con sus au pairs. Había mucho por ver. Cuando estaba vivo su primer marido, ella había sido fotógrafa, y vendía sus fotografías a periódicos y revistas paquistaníes, y sabía cómo mirar. No es que París pareciera diferente ahora; solo había estado en Karachi un mes. Pero estaba llena de palabras nuevas, y, cuando tenía la ocasión, hablaba diferente de la ciudad.

Michel, el marido de Farhana, un crítico y periodista jubilado, estaba, como siempre a esa hora de la mañana, leyendo en su estudio, en lo que ella llamaba su *charpoy* —su cama de día—, sostenida por cojines de borlas orientales. No había visto a su mujer la noche anterior, y ahora no se levantó para recibirla o besarla, como si fuera demasiado esfuerzo físico. No dijo que se alegrara de verla, pero sí que saludó con la mano, se inclinó un poco y dijo:

—Has vuelto pronto. ¿Qué te ha pasado en el labio?

—Te lo explicaré, cariño —dijo ella—. Te lo explicaré todo.

Él dijo que tenía ganas de escuchar su historia. No es que ella supiera contarla. Tendría que salir sobre la marcha.

A finales de los noventa, el primer marido de Farhana, un general del ejército que se había educado en América, fue decapitado públicamente por los talibanes, a petición de sus compañeros del ejército, que pensaban que se había vuelto demasiado proamericano. Creían, de hecho, que estaba denunciando la complicidad del ejército con los talibanes a su enemigo común, los americanos. Por ese motivo lo capturaron y lo llevaron a las montañas. Después de que le enviaran una foto de una mano sosteniendo su cabeza, con una gran muchedumbre entusiasmada de aldeanos en el fondo, había huido. Yasin se había negado a acompañarla, y se había quedado con las propiedades de la familia, al margen de la política.

Farhana se fue a París a instalarse con una amiga adinerada, quien le aconsejó que nunca volviera a casa. También sería buena idea encontrar un hombre formal que la cuidara. París era ideal para los exiliados; en su momento había acogido a los apátridas. Pero Farhana tendría poco dinero y ningún estatus, y los franceses eran tremendamente racistas, solo les gustaba la gente de color si eran artistas o tocaban la trompeta. ¿Y si la confundían con una argelina?

Farhana no parecía preocupada, y aceptaba los deseos de los demás como si solo quisiese una vida tranquila. Ahora, mirando hacia atrás, suponía que había sufrido un trauma, y que probablemente lo seguía sufriendo.

La buena amiga hizo algo bueno y encontró al viudo Michel, que era diez años mayor que ella. Ahora, a sus setenta y tantos, se había jubilado de escribir a diario para poder leer a Balzac, estudiar a Trollope en inglés y familiarizarse como es debido con la historia de la poesía. Se había mantenido fiel a su palabra: era lector. Su destino escogido le hacía feliz.

En su momento lo vieron como un gran partido, una oportunidad que no se podía desaprovechar. Estaba bien situado, era viudo, culto, había escrito varios libros, tenía sus contactos, y un piso encantador por la rue du Bac, en la margen izquierda, lleno de fotos y recuerdos del teatro. Farhana, que era de una familia distinguida, no estaba acostumbrada a decirle a nadie quién era. Ahora le explicaban a menudo que tenía suerte. Muchas mujeres parisinas hubieran querido a este viejo. Pero era ella, una mujer paquistaní asustada y decadente, a sus cincuenta y tantos, la que se había llevado el premio. ¿Cómo? Supuso que, como le hablaba tan poco, le parecía más misteriosa y recatada que las demás. Ella no había tenido ni idea de lo que estaba haciendo. Tal vez le había dado pena.

Se daba el caso de que Michel conocía a actores, escritores y directores. Muchos de ellos destacaban, o hasta eran mundialmente conocidos en sus propios mundos, e iban a su casa a cenar una vez al mes y bebían mucho. La charla siempre giraba en torno a los últimos libros y películas, lo que Sarkozy hacía o dejaba de hacer. Si Farhana se preguntaba qué quería Michel de ella, no había realmente nada oscuro. Nunca se habían conmovido el uno al otro. Era compañerismo: a él le gustaba que hubiera alguien ahí mientras hablaba: un monólogo urgente y más o menos continuo sobre lo que salía en la prensa. Le gustaba tener a alguien que preparase las proyecciones de las películas a las que asistía, y las obras de teatro a las que iba, a menudo con ella. Le gustaba que se sentara con él cuando escuchaba las sinfonías enteras de Brahms o Beethoven, asintiendo con la cabeza hacia ella, como instruyéndola, en las partes más refinadas. A ella eso le encantaba, pues era una oportunidad para pensar sobre cosas importantes.

La amiga que organizó la boda añadió una advertencia. «Una mujer necesita pasión hasta los sesenta años. Pero sospecho, querida, que tu hombre hará el amor como un crítico.»

–Sin comerlo ni beberlo, un día corrí al aeropuerto y me encontré metida en una vida completamente nueva, como inmigrante de mediana edad –dijo Farhana–. ¿Cómo voy a saber cómo hace el amor un crítico?

–Vigila –dijo la amiga–. Quisquilloso.

Farhana y Michel practicaron el sexo dos veces: una antes del matrimonio, y otra después, cosa que para él fue más que suficiente. La primera vez él eyaculó de inmediato, y la segunda tuvo un calambre y soltó un aullido horrible, seguido de un ataque de tos que confundió con un ataque al corazón. Farhana sospechaba que el hecho de que ella le quitara la corbata pudo haber provocado la catástrofe. Nunca le había visto sin corbata de día, y solo le veía de noche, envuelto en su camisón, si los dos tenían insomnio. Le había comprado un jersey de cuello alto de cachemira unas navidades, pero Michel sentía que la falta de corbata era una obscenidad para él, y nunca vestía ropa informal.

Farhana pensaba que ya había acabado con su tierra natal; la habían arrancado de su pasado, y su futuro era cómodo pero nulo. Entonces, una tarde, Nasira, la mujer de Yasin, que al final había huido de él a Londres, insistió en ir a París a hablar. Nasira trabajaba para una agencia de viajes en Cricklewood, en el norte de Londres, pero venía de una familia famosa, y había sido una Cleopatra, una de las mujeres más impactantes de Karachi, que vestía algunos de los saris más gloriosos y shalwar kameez más rutilantes, con brazaletes de oro puro. Muchos hombres se habían vuelto locos por ella, cosa que era, insistía Yasin, parte del problema. Ahora, en tejanos y sudadera, se la veía –excepto por el Rolex– tan empequeñecida y del montón como, se daba cuenta Farhana, ella misma. Pero estas dos mujeres, ambas fugitivas, se gustaban, y tenían mucho en común.

Farhana puso los dedos bajo el mentón de Nasira y le levantó la cara.

–¿Por qué has venido a verme?

–Tengo que advertirte –dijo Nasira. El hijo irascible de Farhana, que nunca había sido la más estable de las personas, se estaba convirtiendo en un demente. En su finca rural en Sind, donde era un terrateniente feudal, Yasin, al parecer, jugaba al polo con agresividad, bebía whisky, copulaba sin piedad y disparaba sus muchas pistolas contra cualquier cosa viviente. Y, a causa de los secuestros, intentaba importar al país un nuevo BMW blindado con los cristales tintados. Su mujer creía que, aunque su tanque pesaba mucho y por tanto era lento, el Señor Sapo local, como llamaba a su marido, se fumaría un porro, subiría el volumen de su música bhangra del Punjab favorita y pronto abrazaría un árbol con el vehículo. Aunque ella le despreciara, no creía que otra muerte violenta en la familia le fuera bien a Farhana.

–¿Qué puedo hacer? –preguntó Farhana–. ¿Estás diciendo que vaya allí? Soy demasiado débil ahora: no puedo afrontarlo.

–Puedes sentir que has cumplido con tu obligación –contestó su nuera–. Y entonces vivir tu vida, que es lo que por fin estoy haciendo yo.

Vacilante, Farhana le preguntó a Michel si le interesaría acompañarle, pero él se preguntaba si habría mucho polvo, o si no le sentaría bien al estómago. Eso como poco. Aun así, ella se aseguró de llevarse el reloj de oro de su primer marido, los gemelos y las plumas, para entregárselos por fin a Yasin.

En su primera tarde en París después del viaje, su marido le pidió que fuera a pasear con él. Ese día hacía viento, y él llevaba puesto su chaleco. Como siempre, caminaba con las manos en la espalda. Inclinándose hacia delante, casi no levantaba los pies del suelo, por miedo a caer.

–Un hombre mayor puede llegar a creer que se le puede tumbar con facilidad –dijo el marido–. Si da un paso...

Farhana le interrumpió para decir:

—Cuando vuelves a un país después de un golpe terrible, y más de una década después, ya sabes que las carreteras se han ensanchado y los rascacielos han crecido. Habrá más bloques de pisos, más gente en la calle, nuevos inmigrantes y turistas que vienen a ver las vistas. Michel, debo de estar envejeciendo, porque recuerdo cuando Karachi era una agradable ciudad poscolonial.

—¡Háblame de ello!

—Los hombres llevaban traje y las mujeres vestidos. La gente aún leía a Somerset Maugham, bebía gin-tonics y escuchaba «In The Mood», como si de repente los ingleses se hubieran ido al norte en verano. Había flores en medio de las carreteras. Podías conseguir el *Times* en tu club. Esta vez he visto escombros por todas partes, una pistola cada diez metros, unos muros muy altos y alambre de espino. Fuera las mujeres tenían miedo, y se cubrían para evitar el acoso. Una ciudad confinada, una zona de guerra después de la guerra. Un estado de petrificación. Decadencia y putrefacción por todas partes.

Yasin había vuelto de sus propiedades para saludar a su madre. Durante el breve rato en que estuvo sobrio, después de despertarse a la hora de la comida y que su sirvienta le cortara las uñas de los pies y le afeitara, Farhana fue a su habitación. Aunque había engordado y su cuerpo estaba fofo, se había rapado también la cabeza, lo que le daba aspecto de matón.

Estos días era casi imposible conseguir visados para Occidente; el terrorismo había convertido a los paquistaníes en parias. A pesar de todo, Farhana quería persuadir a Yasin, antes de que acabara con su salud, para que hiciese todo lo posible por escapar a Occidente, o hasta, dado que los tiempos eran difíciles, Australia o Nueva Zelanda, si podía soportarlo.

Se rió y contestó:

—Qué duda cabe de que aquí la hemos liado mucho. A todos nos gusta declarar nuestro amor a la patria, pero, aparte de Imran Khan, cada uno de nosotros, si nos ofrecieran el visado, haríamos las maletas a toda prisa e iríamos hacia la salida mañana mismo. Pero lo siento, madre, no me uniré a los otros en la frontera pidiendo con humildad que nos dejen ir a la tierra de la abundancia y la razón. Que me «toleren» es lo último que quiero.

—Por favor, cariño, dame una sola razón para no empezar una vida nueva.

—Aquí es donde se vive la realidad del mundo.

La última vez que estuvo en Francia con su mujer de entonces, Yasin dijo que vio un letrero que decía «Disneyland París» y que se rió tanto que deseó, por una única vez, que su padre aún viviera para poder verlo. Despreciaba Occidente cada vez más a medida que se hacía mayor, y había desarrollado una particular animadversión contra la autoridad de la Unión Europea, que parecía creer que estaba dirigida por Dominique Strauss-Kahn. Decía que no solo la Unión Europea era hipócrita, sino que Europa era «fácil y estaba libre de riesgos». Todo era muy educado y sobreprotector en su «multiculturalismo y su amor por los homosexuales». Se había exportado la brutalidad, y las únicas víctimas hoy en día eran los musulmanes, a quienes Occidente nunca había dejado de considerar seres inferiores.

Dijo:

—Nuestra familia ha sacrificado vidas decentes en India para arruinar este nuevo país. Como sabes, somos un pueblo salvaje y autodestructivo que vive sin preocupaciones. La vida es barata; solo el alcohol es caro. Piensa en lo directos que somos: todos los hoteles han sido atacados con bombas suicidas. Cuando camino por la calle, me gusta saber que lo más probable es que me disparen. ¿Qué otro país del mundo escondería a Osama bin Laden en el centro de una ciudad mientras se embolsa grandes cantidades de dinero americano para financiar su búsqueda? Madre, estarás de acuerdo en que se necesita un genio perverso de primer orden para caminar a través de ese espejo.

–No se está a gusto, tan estresado.

–Nos estresáis vosotros con vuestros bombardeos con drones a civiles –preguntó–. ¿Cómo está tu marido, el hombre que sustituyó a mi padre? ¿Te gusta? Puedo ver, por tu falta de expresión, que no te importa mucho, pero sí que te diste prisa en lanzarte a sus brazos.

–Perdóname, pero estaba medio muerta y aturdida. Soy diabética, y me diagnosticaron ansiedad extrema. Día a día, volví a coser mi vida. Michel se despierta por las mañanas con un propósito. Tú estás ahí tirado como un adolescente.

–¿Aunque el trabajo de ese hombre no tenga ningún sentido?

–Escribe sobre obras de teatro.

–Pero ¿aquí qué significaría *La encantadora familia Bliss?*

–Se respeta a sí mismo. Dices que eres religioso, pero te regodeas en el cinismo. ¿No dijiste que en este país los que han estudiado no tienen religión, y los religiosos no tienen estudios?

–No soy religioso –dijo–. Pero soy musulmán.

–Yasin, este país es lo que te ha corrompido la imaginación. Tu padre no era así. Siempre decía que sin muchas de las voces, incluidas las cristianas, la devoción por una religión nos haría autócratas.

–Entonces el imbécil estaba pidiendo que lo mataran. Les hubiera entregado el país a los judíos, los colonialistas y los que nos quieren bombardear hasta que seamos fundamentalistas del capitalismo. ¿Aquí quién cree que Osama no les dio una buena lección a esos arrogantes imperialistas? –Se rió–. Pero ¿de verdad tenemos que hablar de esto, Gertrude, madre?

–Eres demasiado mayor para hacer de Hamlet.

No había teatros ni bares ni restaurantes nuevos en Karachi, y la gente iba a las casas de sus conocidos. Al principio ella acompañaba a su hijo en su ronda nocturna de fiestas. Para ella era una oportunidad para ver a la gente con la que había crecido, y para que todos ellos vieran cuánto habían envejecido.

Seguía pensando que había pasado demasiado tiempo en París, porque las casas que visitaba le parecían polvorientas, desgastadas y obsoletas, como si no valiera la pena el gasto de restaurarlas. Pronto se dio cuenta de que cualquiera con dinero, inteligencia, estudios o talento se había ido, y el resto instaba a sus hijos a que se fueran. Vendían sus joyas y los acompañaban a la frontera, diciendo «Iros y no volváis». Los hijos de sus amigos habían pasado a formar parte de esa clase de gente adinerada pero desposeída que hablaba con acento americano y que vivía en Pekín, Praga o Toronto, trabajando en hospitales, bufetes de abogados o bancos. Los que se habían quedado atrás eran los ancianos, enfermos y desesperados, o aquellos con gente a su cargo.

En las fiestas había mucha cháchara, seguida de feroces borracheras. Hacía mucho tiempo que no veía a gente tan desvergonzada, bebida debajo de las mesas. Entre los más borrachos estaba Yasin, a quien ayudaba a llegar a casa a las cuatro de la mañana. Él hacía que los sirvientes estuvieran despiertos hasta que llegara para poder entrar en casa. Y o se dormía en ese momento, o exigía una mujer, y su madre se veía peleando con él por la edad de las sirvientas que contrataba. Catorce años, decía ella, era demasiado joven. Pronto dejó de acompañarle, y se quedaba en casa.

No había nada que hacer. Empezó a sentarse en la mesa de ping-pong del comedor a escribir sobre su vida, en ocasiones a la luz de una vela porque la electricidad fallaba, como mínimo, dos veces al día. Al menos el cocinero y la niña sirvienta se la tomaban en serio, y entraban sigilosamente con amplias sonrisas y una bandeja con kebabs, bhajis de cebolla y lassis de mango, mientras la mujer que barría, con sus dientes naranjas, agachada durante horas sin que nadie se enterara, ahuyentaba el polvo de la habitación. A cambio, Farhana se aseguraba de darles regalos: chales, ropa interior, sandalias y dinero suelto.

Estaba en la tercera semana de su visita de un mes cuando, una tarde, mientras escribía, Yasin entró en la habitación a voz en grito, agitando su pistola y diciendo que habían robado el reloj, las plumas y los gemelos de la herencia de su padre, y que había hecho que registraran su casa.

–Doy por sentado que los habrás puesto en un cajón, Yasin. Mira otra vez.

–Hay robos así todo el rato. La gente es más pobre de lo que te puedas imaginar, madre. Pero el cocinero es particularmente malo. No le he quitado los ojos de encima desde que se tiñó la barba. Ha estado llenando la nevera con más comida de la que ningún humano puede comer: sospecho que se siente culpable. Es nuestro George Clooney, el mafioso masculino, y las sirvientas del barrio entran y salen de la cocina, lugar que nunca piso, como ya sabes. Como soy un hombre amable, pago los abortos según el sistema «Tres fallos y a la calle». Después, a las chicas las envían a sus pueblos, donde son injuriadas, perseguidas y a menudo asesinadas por la vergüenza que infligen a sus familias. Como no estoy cien por cien seguro de que sea ese cabrón, seguiré el procedimiento adecuado...

–Bueno. Gracias. Ahora guarda la pistola, me estás asustando.

Estaba tranquila en un lugar donde, cada vez más, era imposible estar tranquila. Habían secuestrado a su mejor amiga, una profesora de inglés con la que había ido al colegio, mientras se dirigía a encontrarse con Farhana. Dos coches le hicieron un bocadillo hasta que tuvo que parar; habían sacado al chófer a punta de pistola, le habían dado una paliza y tirado en una zanja. Vendaron los ojos de la mujer y la llevaron a una casa que, cuando pudo ver, le pareció una sala de espera. Al menos otros veinte secuestrados estaban en el suelo, a la espera de que sus familiares pagaran, mientras traían a otras víctimas.

Esa tarde, cuando Farhana paseaba con su marido en París, dijo:

–Mi amiga siempre ha enseñado literatura inglesa, pero últimamente ha querido añadir un módulo poscolonial para que los alumnos puedan entreverse en las palabras de un artista. Pero había un vacío en el temario porque no podía hablar de Rushdie, ni siquiera mencionar su nombre. Entró en una tienda a comprar *Hijos de la medianoche,* y el dueño gritó: «¡Sal de aquí, cómo te atreves a hablar de esos temas secretos! Puedes mirar fotos de hombres haciendo el amor con camellos, o con niños o bebés. Puedes pedir la muerte del apóstata. Pero promociona a ese autor y este sitio será cenizas, eso es lo que dijo el mulá Omar en 2005. ¡Por qué no puedes leer a P. G. Wodehouse como todo el mundo!»

El marido de Farhana, al oír eso, dijo:

–Eso me recuerda que la otra mañana vi a Milan Kundera al otro lado de la calle. Va a pie a su oficina to-

110

dos los días a la misma hora. Paro y me inclino con respeto cuando pasa. Él hace como que no se da cuenta, claro.

–No se da cuenta –rió ella–. ¿Por qué habría de fijarse en cada señor mayor que se para en la calle?

–Sé que se da cuenta. Como digo, prefiere no mirar porque está pensando creativamente –siguió–. Al principio de *El libro de la risa y el olvido,* si mal no recuerdo, a Clementis, un político checo al que pronto acusarán de traición y ahorcarán, le borran de una foto, dejando solo el sombrero que le dejó a Gottwald aquel día. Hacen lo mismo en tu país.

–Se desesperan, y se aferran a las viejas certezas porque creen que el escritor las destroza.

–Aunque es insoportable, tendrían que estar agradecidos, dado que él les ha hecho el favor de decir su deslealtad. El artista masca y digiere el mundo para nosotros, y luego nos presenta pruebas de nuestra humanidad. ¿Qué se interpone entre nosotros y la barbarie?

–Tu corbata.

–Aparte de mi corbata, Farhana, está la complejidad de la literatura. Si no lo ven, les falta la civilización que ves a tu alrededor. Aquí cualquiera te puede decir que el extremismo religioso solo puede crear sacrilegio y perversión, como la Francia católica que creó al marqués de Sade.

–Por favor, Michel, vas demasiado lejos.

–Pero ¿cómo está el niño?

–Las condiciones en las que vive le han puesto un demonio dentro.

–¡Qué esfuerzo humano tan enorme habrá sido construir una tierra baldía así!

–Y no puedes salir a la calle sin ver a gente con rifles y fusiles. Cuando veo por aquí, en esta ciudad, a la gente caminando en paz, y los cientos de años de logros acumulados, me pregunto cómo se consigue.

–Gracias a Dios que lo has visto, Farhana. Nunca pensé que te hubieras dado cuenta de dónde estabas. Lo que describes no se consigue expulsando a los judíos, los hindúes, los católicos y a cualquiera que contribuya al carácter y al aspecto creativo de una ciudad hasta que tienes un monótono monoculturalismo, un nuevo puritanismo. Si permites que los odiadores del placer lo hagan, no quedará nada vivo. –Se levantó y miró a la ciudad como si la hubiera construido él mismo–. La preservación cuidadosa del pasado es la base de la cultura. Después de la Segunda Guerra Mundial aprendimos cómo nos acecha la destructividad, y lo frágil que es la sociedad civil.

Ella dijo:

–Los jóvenes se alzan por todo el mundo, pero en Pakistán se van al aeropuerto. Nunca había ido a un lugar sin esperanza, o a algún sitio que no tuviera algo precioso, aparte de las orquídeas en el jardín de mi hijo.

Michel dijo:

–Esta puerta a Occidente ahora está cerrada. Esto es un spa exclusivo. Farhana, nos alegramos de tenerte aquí, siempre que respetes nuestra liberalidad.

–¡Ya lo hago!

–Considérate afortunada de haberte deslizado dentro.

–Gracias por recordármelo, marido.

–Y dime, ¿cómo has tenido un chico así?

–Pensaré en ello, cuando escriba.

–¿Has dicho escribir? ¡No, Farhana!

Yasin había hecho que registraran la casa varias veces.

–Ya no está –dijo, al fin–. No podemos encontrar nada. Las únicas cosas que me dejó padre. Quiero que sepas, madre, que dejo que mis sirvientes coman carne, que para ellos es como caviar. Les doy comida que no está en mal estado. Y por supuesto me roban, y solo rara vez, cuando me pongo más salvaje, les azoto. En ningún otro sitio les tratarían tan bien, y así es como me recompensan.

–Créeme, por favor, se ha perdido –dijo ella–. He venido aquí y he visto que eres una víctima a la espera de un asesino. Busca más, por favor, detrás del sofá, por ejemplo, antes de seguir el procedimiento.

Lo consideraba su trabajo, escribir. ¿No había sido su vida más interesante que la de la mayoría? Se le había ocurrido un inicio deslumbrante: empezaría con sus dos maridos, y compararía los hombres parisinos, sus mundos y sus formas de amar, con los de los paquistaníes.

Se puso a ello al despertar, encorvada sobre la mesa de ping-pong, con unos rotis en un plato y dos ventiladores de pie puestos a máxima potencia. Era el único momento en que Farhana se sentía contenta y segura en este país, y había empezado esta obra lejos de París porque sabía que, lejos de animarla, Michel la condenaría como un «gasto de energía». Condenar lo malo era su trabajo.

–¿Incluso antes de que se haya escrito? –preguntó ella, al hablar con él del tema–. Eso sería confinamiento, y prematuro.

Dijo ahora:

–Siento como que he tenido dos hombres, mi hijo y tú, cuchicheando y metiéndoos conmigo en la oreja.

–¿Metiéndonos contigo?

–No ves que estás empezando a actuar más como un censor seboso que como un crítico. Me resistiré a ti –dijo ella–. ¡Les diré a tus amigos y tal vez hasta al conserje que estoy escribiendo! ¡Cómo mancha el barrio la asquerosa mujer extranjera con sus palabras inexpertas!

–Por favor. Eso no.

–Si no se lo anuncias la próxima vez para cenar, montaré mucho alboroto. Mira mi labio cortado, hay pruebas.

Al decir esto, vio que él tenía miedo; podría enfrentarse a él y, con el tiempo, sacarle ventaja.

Una tarde, en Karachi, volvía de visitar a su amiga y se encontró con las verjas cerradas. El guarda estaba fuera sentado en una silla con su fusil, y no se acercó a su coche. En cambio, su chófer tuvo que salir para ayudarla a entrar en casa. Había silencio en el interior, y nunca hay silencio: había más personal que familia.

Llamó a su hijo.

—¿Dónde está todo el mundo?

—Estoy harto. Estoy siguiendo el procedimiento.

—¿Qué procedimiento?

—Puse una fecha para que me devolvieran mis pertenencias pero no las he recuperado. He ordenado a la policía que se lleve a todo el mundo. Verás qué pronto, *inshallah,* aparecerán mis pertenencias.

—¿Cómo?

—Es trágico, madre, pero tú y yo tendremos que prepararnos la comida esta noche. Los sirvientes están colgando por los pies en ganchos para la carne en comisaría. Estarán ahí un par de horas, en su propia orina y heces, hasta que empiecen a sentirse incómodos. Mientras tanto, espero a que el Experto en Seguridad esté disponible.

—¿Experto en Seguridad? ¿Eso qué es?

—El torturador. El servicio se ha privatizado. Estamos siguiendo vuestro ejemplo, el de Occidente. Trabaja por horas, y le daré una propina si el resultado es positivo. ¿Qué es una uña aquí o allá? Esto no es Downtown Abbey. Digamos que es más como vuestro Guantánamo.

—No, Yasin.

—Madre, verás con cuánta eficiencia haremos las cosas, cuando superes tu determinación de no encontrar nada bueno en este país deslumbrante.

114

Sonó el timbre. Antes de irse a la habitación a pensar, Farhana vio a Yasin tomando whisky en la sala de estar con el torturador. Se imaginó a los sirvientes, con los que había sido amable –les había preguntado por sus historias–, en la comisaría.

Cuando oyó que el coche se ponía en marcha en el jardín y que los dos hombres se levantaban para marcharse, la cabeza se le llenó de sangre y furia y se acercó a su hijo antes de que se fuera.

–Estoy indignada por esto. No debes hacerlo. Está absolutamente prohibido.

–No vives aquí.

–He dicho que lo prohíbo.

–Perdóname.

–No te perdono. En lugar de eso puedes destrozar mi cuerpo. –Se giró hacia el torturador–. ¡Abre tu bolsa y empieza conmigo! ¡Arráncame las tripas, cabrón! ¡Fui yo quien robó las cosas! ¿Vale? ¡No me importa si vivo o muero! –Empezó a mostrar la parte superior de su cuerpo–. ¡Empezad aquí!

–Estás haciendo el ridículo, madre. Deja al hombre en paz. Le he pagado y no me puedo permitir perder dinero.

–Entonces ataqué a Yasin –le dijo a Michel–. Estaba tan indignada por aquello en lo que se había convertido que fui a por sus ojos con las uñas. Luego fui a mi habitación, cogí la sábana de la cama, me até un extremo al cuello y tiré el otro a las aspas del ventilador. Estaba empezando a morir cuando entraron. Me persiguieron, y Yasin me arrastró por el suelo. Gritaba tanto que para ellos fue una pesadilla. Me pegó, pero seguí insistiendo en que trajera a los sirvientes de nuevo.

–¿Lo hizo? –preguntó Michel.

–Luego les vi entrar, una multitud embrutecida, las

mujeres lloraban y la mujer que barre tenía el brazo roto y le sangraba la cabeza; mientras, Yasin me metía en el coche y me enviaba lejos de allí.

—Hiciste algo bueno, cariño.

Ella lo cogió del brazo. Su marido, paseando a su lado, miró a las cafeterías iluminadas, las iglesias y las tiendas, y tarareó una canción.

Ella dijo:

—Quiero creer que la gente puede tener vidas buenas y hasta ser feliz, pese a lo que les haya pasado y las cargas que tengan que soportar.

—Sí —dijo él—. Sería una buena idea creer eso.

116

ESOS MISTERIOSOS EXTRANJEROS:
LA NUEVA HISTORIA DE LOS INMIGRANTES

El inmigrante se ha convertido en una pasión contemporánea en Europa, el punto vacío alrededor del cual se estrellan los ideales. Inmediatamente disponible como símbolo, viviendo en todas partes y en ninguna, se habla a todas horas del inmigrante. Pero en la conversación pública actual esta figura no solo ha migrado de un país a otro: ha migrado de la realidad al imaginario colectivo, donde se la ha transformado en una ficción terrible.

Ya sea él o ella –y me referiré al inmigrante como él, a sabiendas de que se le despoja de color, género y personalidad–, se ha hecho del inmigrante algo parecido a un alienígena. Es un ejemplo de los no muertos, que invaden, colonizan y contaminan, una figura que no acabamos de poder digerir ni vomitar. Si el siglo XX estuvo lleno de figuras extrañas y semificcionales que invadían a los decentes, honestos y trabajadores –a los puros–, este ser nos vuelve a atormentar bajo la apariencia del inmigrante. Es tanto una figura familiar e insidiosa como una nueva edición de una idea antigua expresada con una retórica fresca y enérgica.

Al contrario que otros monstruos, el cuerpo foráneo del inmigrante es indestructible. Parecido al zombi de un videojuego, es imposible de matar o de eliminar del todo no solo porque ya está callado y muerto, sino también porque, al otro lado de la frontera, hay oleadas de otros inmigrantes parecidos que vienen a por ti. Olvidando que son las nociones impracticables de lo «normal» –lo normal fascista– las que hacen que lo habitual parezca extraño, nos gusta creer que había un tiempo mejor en el que el mundo no cambiaba tanto y daba la impresión de que todo era más permanente. Todos nos parecíamos y éramos más comprensibles los unos para los otros, y esos espectros no hervían eternamente en las ventanas. Ahora parece que todo el mundo está de acuerdo en que todo este movimiento global podría ser una catástrofe, dado que estas figuras omnívoras nos comerán vivos. Desde este punto de vista, el inmigrante es eterno: salvo que actuemos, será para siempre una fuente de horror y contagio.

Es imposible hablar en defensa del inmigrante, o, más importante aún, escucharle hablar por sí mismo, porque todos, hasta los más sensibles y razonables, se han hecho a la idea de que están en todas partes, y de que se ha convertido en un problema demasiado grande. Por supuesto que siempre hay buenos motivos para sospechar de los acuerdos: no hay nada más coercitivo y estúpido que el consenso, y por el consenso se cuela la desigualdad.

Sin embargo, como el inmigrante ya no es una persona, se le rechaza fácilmente. El inmigrante que acaba de llegar, el último en cruzar la puerta y en asentarse en el nuevo país, puede, también él, disgustarse ante la idea de esta nueva llegada o nuevo intruso, el que le quitará el sitio, porque este otro amenazante no se le parece de ninguna manera. El migrante no tiene rostro, estatus, protección ni historia. Su mera identidad será discutida dentro de los márgenes estrechos de la comunidad.

Demasiado supersticioso, ambicioso, raro e inútil –depositado fuera del firmamento de lo aceptable–, el migrante es degradado al estatus de un objeto sobre el que se puede decir cualquier cosa y al que se puede hacer cualquier cosa. Una cosa está clara: no solo te robará la riqueza y la posición social, sino que será monstruoso y obsceno en sus placeres. Ni que decir tiene que ha obtenido esos placeres a tu cargo, aunque lo tengas subyugado como esclavo.

Como idea, pues, resulta familiar este concepto del inmigrante, y los clichés habituales –el poder limitador de la descripción negativa– sirven, como siempre lo han hecho, para esas sombras que acechan las zonas intermedias o fronterizas. El inmigrante será fruto de la endogamia, sufrirá incontinencia sexual y enfermedades mentales, y será necesitado y avaricioso por igual. Pero en esta forma particular, el inmigrante también es una creación relativamente nueva. Como dependemos tanto de lo que más odiamos, cuanto peor vaya la economía, mayor será la necesidad del inmigrante, hasta en tiempos en que nos gusta felicitarnos por nuestra relativa tolerancia.

Mujeres, gays, personas con alguna discapacidad y otros antiguos marginados puede que, después de luchar, hayan conseguido algo de dignidad, una voz y un espacio. Pero la diversidad y el multiculturalismo pueden transformarse en formas de exotismo y autoidealización, y las exageraciones de la diferencia, en nuevas formas de engreimiento. Mientras tanto, se mantiene un nivel de odio necesario con respecto a la denostada figura del inmigrante. La integración no puede continuar; hay que borrar a alguien del mapa. Hoy será él, y mañana será otro: lo que determina la circulación de los cuerpos es el provecho. Los ricos compran libertad; siempre pueden ir a donde quieran, mientras que los pobres no son bienvenidos en ningún lugar. Pero a los que más necesitamos, explotamos y perseguimos se convierten siempre, por alguna mágica y perversa alquimia, en nuestros perseguidores.

Los otros solo tienen el poder que nosotros les otorgamos. El inmigrante es una alucinación colectiva forjada en nuestras propias mentes. Esa noción en eterno desarrollo, como Dios o el diablo, es una creación importante, al ser parte de nosotros, pero el paranoico, mirando, salvaje, a su alrededor, nunca verá que el cuerpo extranjero está dentro de él. Claro que no: cuando el mundo está dividido tan definitivamente en el binomio hollywoodiense de lo bueno y lo malo, nadie puede pensar con claridad. El odio tergiversa la realidad aún más que el amor. Si los límites del mundo están marcados por el lenguaje, necesitamos mejores palabras para todo esto. La idea del inmigrante genera ansiedad solo porque lo desconocemos y así es como tiene que seguir siendo.

Esta fantasía colectiva y esta cárcel de clichés –un uso abyecto de la imaginación– reducen el mundo a un cuento gótico en el que solo existe la violencia de la exclusión, y no se puede decir ni hacer nada. Si se pudiera, el extranjero, con una mezcla de ingenuidad y conocimientos, podría estar en situación de enseñarnos la verdad sobre nosotros mismos, dado que ve más de lo que sabemos.

LA MUJER QUE SE DESMAYÓ

Luca se despidió del anfitrión de la fiesta; dejó el alcohol y a sus amigos, echó una última ojeada, casi saludó, como si estuviera a punto de irse a un exilio permanente, y se fue a buscar su chaqueta con alivio pero no sin pesar. Muchas de las personas más importantes de su vida –conocía a algunas desde que tenía dieciocho años y trabajaba para una modesta revista teatral– reían y bebían en los cómodos sofás de esa sala enorme repleta de cuadros modernos. Otras fumaban y hablaban fuera, en el balsámico balcón con vistas a la ciudad. Como era la fiesta de un setenta cumpleaños, algunos de sus amigos se habían traído a sus hijos mayores, y hasta a sus nietos. A la mayoría de la gente de allí, pensó, no la volvería a ver.

Pero ¿qué más se le podía decir a semejante grupo de actores, escritores, directores, productores, diseñadores y otros críticos de éxito? Algunos conocidos, sabiendo que hacía más de cinco años que había dejado el trabajo fijo, le habían preguntado a qué se dedicaba. Un poco antes, esa misma tarde, mientras daba un paseo de camino hacia la fiesta, Luca se había preparado la frase con la que contestaría a las preguntas: «Trabajar, escribir, pensar»... Era fácil

121

de decir, y sus interlocutores se ponían de inmediato a hablar de ellos mismos. Lo que le fastidiaba era que al menos tres personas no le habían reconocido, y no por crueldad, ni siquiera por miopía. Era peor que eso: no tenían ni idea de quién era. Había cometido un error muy sencillo, uno que había jurado no volver a cometer: había envejecido.

El pequeño guardarropa cerca de la puerta de entrada estaba casi oscuro excepto por una bombilla a un lado, y el montón de chaquetas era considerable. Como es natural, la mayoría eran negras. ¿Cómo iba a encontrar su chaqueta gastada? Empezó el proceso de cogerlas una a una y acercárselas a los ojos para mirar la etiqueta, antes de echarlas a un lado. Tardaba mucho, pero ¿en qué invertía su tiempo, ahora?

No tenía muchas ganas de volver a casa. Estaba un poco borracho y ver a sus amigos esa noche le había hecho entender que le iría bien pensar en el futuro, tal como estaba. Caminaría un rato; le encantaba ver la ciudad de noche y en la semioscuridad, cuando la gente no eclipsaba los edificios.

Fuera del piso, cuando se abrió la puerta del pequeño ascensor, se sorprendió al ver que ya contenía a una mujer pelirroja de unos treinta y largos. Como estaban en la última planta y ella, que iba muy tapada, tiritaba en la esquina, apretándose el abrigo, supuso que no habría podido salir en la planta baja. Quizá llevaba tiempo subiendo y bajando.

–¿Estás bien? –le dijo, y entró y apretó el botón–. ¿Estás asustada? –Ella asintió–. ¿Has bebido demasiado?

–Puede que sí –dijo ella.

–¿Tienes un poco de agua? –Negó con la cabeza–. Yo sí. Toma. Soy Luca Frascati. –Ella balbuceó algo. Él ahuecó la mano detrás del oído–. ¿Has dicho Frida Scolari?

–Sí. –La miró a la cara con más detenimiento. Ella protegió su cara–. ¡Basta! ¿Por qué me miras así?

–¿Tu madre es Cristina? –Asintió–. ¿Está viva? –preguntó él.

–Espero que sí. ¿Has oído lo contrario?

–No. Solo es que estoy tan contento y aliviado de oírlo... –dijo él–. Gracias a Dios, y gracias a ti.

–Vive en París.

–Es afortunada, y una mujer muy querida. Ella y yo éramos íntimos antes de que tú nacieras. Luego... Ella era muy... Bueno, ahora no sabría decirlo... ¡Frida!

Vio que Frida inclinaba su cabeza hacia atrás, su mejilla contra la pared de espejo. Se había desmayado; sus rodillas cedían, no había nada para agarrarse: iba a caer.

Por suerte el ascensor rebotó y paró. Ahora podría cogerla por la cintura y, por el brazo, sacarla afuera y dejarla en una silla en el pasillo. Se quedó a su lado mientras estaba ahí sentada, con la cabeza entre las piernas. Cuando se enderezó, le pasó su botella de agua.

–Estoy de acuerdo con tu desmayo. Estar ahí dentro era traumático –dijo él–. Compañeros de trabajo, amantes, amigos, enemigos..., todos estaban presentes, envejeciendo, tambaleándose, pavoneándose, dando bocanadas de aire. Tuve que salir cuando noté que estaba asistiendo a mi propio velatorio. –Ella estaba manoteándose la cara–. Frida –dijo él–. Conocía a tus padres. Eres lo mejor que ha salido de esa desordenada conmoción... de la fiesta, quiero decir. ¿Te pido un taxi?

Asintió, y él corrió hacia la calle. El taxi que encontró les esperaba fuera mientras ayudaba a Frida a salir del bloque de pisos. Se sentó cerca de ella en el taxi para evitar que se tambaleara. Olía a perfume y marihuana, y temía que vomitase. Cuando el taxi paró, después de una carrera de quince minutos, ella seguía ahí, repantigada. Él pagó al conductor, dio la vuelta al coche, le abrió la puerta y la ayudó a entrar en su edificio. Sabía que ayudarla a subir las escaleras iba a ser una tarea difícil, así que se puso detrás por si se caía. Lo hizo, y ella le dio las llaves. Mientras las toqueteaba, ella pensó que sería buena idea sentarse en el suelo. A sus sesenta y muchos, hacer que se levantara fue toda una experiencia. Al final abrió la puerta y la ayudó a entrar.

Su cama era ancha; estaba en el centro de la habitación, bajo una claraboya por la que, supuso, le gustaba mirar estirada. Pero la habitación era pequeña, y las estanterías estaban llenas de libros y CD. A un lado había un horno, un baño y, pensó, otra habitación pequeña, quizá un estudio.

Se tumbó en la cama y parecía estar cómoda cuando le puso una manta por encima. Aunque se movía un poco nerviosamente, tenía los ojos cerrados; pensó que no tardaría en dormirse. Era decepcionante, pero le dejaría su número de teléfono y se iría.

Se había dado la vuelta cuando ella dijo:

—No me podré dormir. Y me da miedo desaparecer. Hay una botella de vodka por ahí. Ponme un poco, por favor. —Se acercó a él—. ¿Tienes algo que hacer, ahora?

—¿Yo? No. Nada. Es tarde. Lo único que quiero, antes de irme a dormir, es un libro.

—La habitación da vueltas, bastante. Si te fueras demasiado pronto, me preocuparía. —Ahora se agarraba al colchón con los brazos extendidos—. Me puedo volver loca. Estoy tan agradecida. Eres muy dulce. ¿Eres así de amable con todo el mundo?

—Si me necesitan. Pero eres tú, tú, ¡Frida! Estoy totalmente contento y sorprendido.

124

Ella dijo:

–Luca, si eres tan amable, ¿puedes decir algo, por favor, para mantenerme con los pies en la tierra?

–Sí, claro. Te costará creerlo –dijo él, mientras cogía una silla para sentarse cerca de ella–, pero hubo un tiempo en que la gente me tenía miedo. Un par de frases mías te podían dejar casi muerto.

–Pero ¿por qué? ¿Qué hacías?

–Era crítico, sabes. Durante diez años fui poderoso y temido, hasta que me sustituyeron por un hombre más joven. Lo de siempre. He dado algunas clases estos últimos doce años, he escrito un poco, y he vivido más o menos de la nada. Escribí dos libros, uno sobre el escritor británico Edward Bond, que nadie leyó, y un monográfico encantador sobre la oscuridad en Visconti, que nadie publicó. Te lo traeré mañana, si quieres. En cuanto a mi libro sobre Beckett... ¿Sabes que lo vi varias veces?

Hubo una pausa mientras Luca encontró dos vasos y puso el vodka en la mesilla, a su lado. Sirvió a los dos antes de sentarse otra vez. Sorbió el estupendo vodka y dijo:

–A un crítico desempleado se le ve más bien como un francotirador miope: por fin se le puede odiar por su trabajo necesario. Me doy cuenta de que a la gente le da miedo acercarse a mí. O que no olvidan algún antiguo rencor.

Hubo un silencio y vio cómo se movía sin descanso, como si tratara de volver a enfocarlo todo. Él dijo:

–¿Te importaría hablarme un poco de tu madre?

–¿Para qué?

–Agradecería mucho cualquier noticia que me dieras.

–Solo te diré esto. –Se enderezó, miró alrededor con frenesí, se tumbó otra vez y dijo–: Su marido el diplomático murió hace dos años.

–Eso oí. Estoy seguro de que sigue siendo un partidazo. Era preciosa. Si la pudiera ver... A menudo pienso en ella antes de irme a dormir. ¿A qué se dedica?

–Le encanta comer y pensar en ropa y leer. Y...

–Eso me gusta. Lo pintas como si no tuviera muchas preocupaciones. Me tienes que dar su email.

–Algún día, cuando me encuentre mejor.

–¿Me menciona alguna vez? A mí, Luca, Luca Frascati. Frida dijo:

–Un amigo de mi madre me llevó a la fiesta. Algunas personas me sonaban, pero no las conozco. Fui imbécil y me fumé algo en el balcón, creyendo que igual me haría reír y acercarme a la gente y participar más. Era demasiado fuerte. Las piernas se me derritieron y la cabeza me empezó a dar vueltas y vueltas y a destellar como una persiana. Aún lo hace. –Se rió–. Pero puedo ver cosas bonitas. –De repente se enderezó, y dijo–: Pero bueno, ¿por qué estás pensando en mi madre? Dime, ¿cuál es tu situación esta noche? ¿Qué diría tu mujer si supiera que estás aquí conmigo?

–¿Qué mujer? Ay, Frida, vivo en el piso de una mujer hecha polvo con pelos de loca con la que estuve liado durante un mes, hace años. Me pone la piel de gallina, y nunca nos hablamos salvo para atacarnos. Pero tengo una pensión mínima, y a veces ayudo a un amigo a vender queso en el mercado. A la mujer le gusta que le ayude con las facturas, que vaya de compras y que saque a pasear a los perros. Hace tiempo que tiene cáncer de riñón. Le han quitado la mayor parte, pero vuelve, como suelen hacer estas cosas. Cuando muera, sus hijos reclamarán el piso y tendré que irme. Pero ¿adónde? No tengo nada mío. Podría morir solo. Aunque parezca mentira nosotros fuimos una generación que no creía en el dinero, y, a decir verdad, no pensaba que llegaría a esta edad.

–¿Pensabas que te morirías y punto?

–O que quedaría dispensado, de alguna manera. Sí, te ríes. Tendría que haberme reído entonces, cuando creía que era íntegro. Debajo de la mayoría de las personas, y de eso me he dado cuenta hace poco, siempre hay un abismo cubierto de hojas y ramas. Pero un día tu pie lo atraviesa, y ves que estás a un último y fatal paso de la eternidad, a un parpadeo de la miseria...

Ella gritó de repente:

–¿Qué cojones es eso?

Él se levantó y echó una ojeada.

–¿El qué? No tengo buena vista, ¿es un animal?

–¿Eso es tuyo?

–Frida, ¿qué pasa?

–Mira. ¡Ahí, ahí! ¡Has puesto un sombrero en una cama! ¿Eres un kamikaze? Eso nos podría matar al instante.

Recogió su sombrero, lo puso en una mesa y lo alisó.

–Lo siento, lo siento mucho –dijo.

Ella se relajó.

–¿Tú tampoco me conoces, Luca? Estoy segura de que me has visto. Fui actriz unos años. Salí aquí y allá sin cobrar y no llegué a ninguna parte. Pero me miras sin ninguna expresión. Ay, Dios. Mi madre también pensaba que era ridícula y me daba consejos.

–¿Qué decía esa dulce mujer? Siempre fue muy promiscua, si no te importa que lo diga, con sus consejos.

Frida dijo:

–Decía que las mujeres, incluso ahora, se definen por sus hombres. Decía que tendría que casarme con un hombre rico mientras aún tenga los pechos para hacerlo.

–¿Le gustaban tus pechos?

–Los elogiaba, y estaba celosa. –Rió–. Creo que es porque dije que los había heredado de mi padre.

–¿Siguió sus propios consejos? –Hubo una pausa–. ¿Frida? –volvió a decir.

Ella parecía haber caído en un estupor. Se sentó ahí un rato sin decir nada, antes de levantarse y dar unos pasos en la otra habitación pequeña. Vio un sofá cubierto de ropa, una mesa pequeña llena de libros y ropa. Vio un movimiento repentino en la habitación y se asustó. Era él mismo en un espejo, un viejo atribulado, casi maldito y probablemente loco que necesitaba un corte de pelo. ¿Cuándo se había puesto tan rollizo? Apartando la mirada vio que había unas fotografías amontonadas; las recogió, y empezaba a mirarlas cuando oyó su voz.

–Ni por un segundo llegó a pensar en seguir sus propios consejos, como es natural –estaba diciendo–. ¿Quién lo hace? Recuerdo que estaba totalmente embobada y loca por el gran diplomático. Apartó a golpes a su mujer hasta que la pobre se volvió loca. Madre quería viajar y vivir aquí y allá y ver esto y lo otro, y fotografiar a gente en cabañas de barro. Y lo hizo, a costa de él.

Él entró y se volvió a sentar.

–¿Cómo era tu hombre rico?

Ella se rió.

–Tenía una empresa de contabilidad, ¿te lo puedes creer? Era aburrido y no le gustaba desprenderse del dinero. Ni siquiera estaba muy segura de que fuera un hombre de pechos, después de todo. En mi defensa, Luca, yo le acojonaba. A menudo me despierto por la noche, a las tres, sabes. Odio esa hora pero suelo estar para verla. Y me ponía a gritar, aterrorizada porque me seguía un hombre con un hacha. Él saltaba de la cama y se iba de la habitación. Luego se fue del país. Él quería una mujer que lo admirara, no le interesaba ser un santo o un psiquiatra. Se hartó pronto. Me quedé sola otra vez.

Luca se inclinó hacia delante en la silla.

–Pero, querida, ¿por qué te despertabas gritando de esa manera? ¿Qué te ha pasado?

Ella estaba de pie ahora, trasteando con un cajón. Empezó a liarse un porro.

Él continuaba:

–De tu padre me acuerdo bien. Estaba dejándolo con tu madre cuando él apareció en escena. Estaba fuerte por aquel entonces, y tenía una gran cantidad de pelo negro, y una energía frenética: bebía, fumaba, sudaba, escupía por todas partes, organizaba reuniones masivas de estudiantes, daba charlas y llevaba su periódico. Debo tener algunos ejemplares en casa.

»Frida, mírame, por favor. ¿En serio no te acuerdas de mí? –dijo Luca–. Tus padres acabaron viviendo en una comuna, y yo vivía arriba. Muchas noches nos sentábamos a debatir sobre la sociedad, la revolución y la familia, y tu padre dijo que teníamos que compartir los hijos. Claro, eso era una manera de que él no hiciese nada. Se suponía que tú eras un bien comunitario, y que todos te íbamos a educar, todos nosotros, amigos, camaradas, hermanas. Entonces creíamos en eso. Rechazamos a los fundamentalistas de hoy, pero aún me hace reír más pensar que yo había sido maoísta, ¡uno que siempre tenía que admitir que le encantaba el arte elevado! –Se inclinó hacia ella y le dijo en confianza–: A medida que me hago mayor, aumenta mi desprecio hacia todo eso. No te ofendas, me refiero a desprecio hacia lo que fuimos. Tu padre quería que apoyáramos la Revolución Cultural.

–¿Lo hicisteis?

–Sí, matar a la burguesía, ¡la burguesía que eran nuestros propios padres! ¡Éramos autoritarios en nombre de la libertad! ¡Antes del paraíso de la anarquía habría disciplina! La pura estupidez de todo ello era absurda. Shelley lo llama la «locura seria».

»Cristina prefería a tu padre antes que a mí. Tenía seguridad en sí mismo y un fuerte deseo. Era un agitador de masas y, como sabes, las masas se agitan con facilidad. Mírame a mí, me falta seguridad, me dan miedo las cosas más pequeñas. Yo solo era un crítico liberal, y la dejé ir. Solo puedes atrapar al otro por la libido. Y por motivos que olvido, nunca creí que se pudiera hacer reclamaciones a la gente.

—¿Y qué pasó? ¿Adónde fuiste?

—La comuna se disolvió y nos fuimos a diferentes partes del barrio. ¿Sabías que, como trabajaba por la tarde, estuve dos años cuidando de ti cuando eras pequeña mientras tu madre trabajaba como periodista y tu padre hacía cosas más importantes? Te llevaba a hombros al colegio, íbamos al parque, nos pasábamos horas jugando, y te bañaba y daba de comer en mi casa. Debe de haber fotos nuestras en alguna parte. —Se sentó un rato en silencio—. Recuerdo que querías un reloj. No te podía decir que no. Fuimos a una tienda y nos gastamos todo mi dinero. Luego volviste con tus padres. Les querías.

»Pero tu padre tenía muchas mujeres a su alrededor, como suelen tenerlas las figuras políticas radicales; seguro que eso ya lo sabes. Luego se apartaron los dos. Me dejaron, como si mi relación contigo no hubiera sido nada. Yo creía en ella; ayudé a educarte. Estaba preparado para ser padre.

»Te has olvidado de mí. Se ha ido todo. No hay ningún motivo por el que deberías acordarte. —Se levantó a por un cenicero. Ella le ofreció el porro pero él se negó. Se sirvió otra copa—. Quizá tendría que irme.

—¿Volverás a la fiesta? Habrá alcohol allí.

—Aborrezco a algunas de esas personas.

Ella se rió.

—Pero has dicho que son tus amigos.

—Son mis únicos amigos, aunque ya nunca los veo.

—Debes de envidiarlos.

—Querida, por momentos levitaba de envidia esta noche al contemplar sus pisos, sus muebles, sus casas de campo. Algunos han ganado millones en el cine y el teatro; se han cuidado mucho. —Se calló, y luego dijo—: ¿Tienes la dirección?

Dio una calada al porro.

—Perdona, ¿de qué estás hablando?

—De tu madre. Estoy libre para ir a París a verla. Este fin de semana, quizá...

Frida dijo:

—No estás en contacto con ella, ¿y sin embargo te sigue gustando tanto?

—Nos vimos durante mucho tiempo. Y estuve dos años con ella, intermitentemente. La llevaba al teatro y al cine cuando me daban entradas. Le empezó a encantar la ópera. Siempre había estado muy politizada, claro, y tenía agallas. Una noche estaba viendo la tele y de repente ella irrumpió en alguno de esos programas, discutiendo con un venerable padre de la Iglesia, atizándolo de tal manera que le debía recordar a un infierno prematuro.

—Ahora está más tranquila.

—Como es natural. La culturicé cuando se aburrió de la insulsa lucha política y del marxismo hippie. Ella quería crecer, leer a escritoras y pensar por sí misma. Le di libros, la hice sutil.

—¡Sutil! Si entrara ahora mismo en esta habitación, te asustarías.

—¿Por qué lo dices?

—Se pasearía con aires de grandeza, lo miraría todo y

131

preguntaría: «¿Qué es lo que de verdad puedes ofrecer ahora, Luca?»

Frida se sirvió otra copa. Él negó con la cabeza:

—La recuerdo más humilde. Cristina me dijo: «Nunca sabré nada, Luca.» Pero la vi madurar, Frida.

—Contigo o sin ti, estaba claro que tenía la intención de madurar, Luca —dijo Frida—. Mi padre murió y mi hermana y yo tuvimos que asentarnos y adorarla, siempre diciéndole lo magnífica y competente que era. Ellas, por su parte, creía que nosotras teníamos que enderezarnos y seguir adelante. ¿Por qué no íbamos a ser gente de éxito? Ella era capaz de sentir un gran amor por un hombre. Cree que se lo merece todo. Yo sueño que es una torre, o a veces una jirafa, que mira hacia abajo donde estamos nosotros, los feos. Nos aplastó sin saberlo. Para cuando tenía catorce años ya no vivía en casa... —siguió—. Después de la muerte del diplomático, mi madre se hartó de galerías y de comer con otras viudas no tan alegres. Empezó a irse a Asia o África o Europa del Este a escribir informes sobre mujeres violadas. Ahora es más intachable aún.

—Pero yo aún puedo hablar un poco —dijo él.

—De lo último que quiere oír hablar es de los viejos tiempos.

Se sirvió lo que quedaba de vodka, tiró la botella a la basura y dijo:

—Ella sabe lo mucho que sé. Respetaba mis ideas.

—¿Qué ideas?

—Sobre el teatro.

—Estarán pasadas de moda.

Él dijo:

—Le llegará mi sentido del humor.

Hubo un silencio. Notó que Frida le estaba mirando.

—¿Qué pasa?

—Te he estado mirando.

—Debes de encontrarte mejor, querida.

—¿Y tú?

—¿A qué te refieres?

—Te muerdes las uñas y haces muecas. Tu cuerpo no se está quieto. Inténtalo, intenta no moverte.

—Si estoy tranquilo. Casi soy un hombre muerto.

—Mira, ves: tu rodilla se mueve.

—A la mierda mi rodilla. Me aburro —dijo él. Se levantó de golpe y se volvió a sentar—. Me despierto aburrido. No tener ningún lugar ni ningún objetivo en ninguna parte es insoportable. El aburrimiento es mi cáncer; me está matando. «Murió de aburrimiento», garabateadlo en mi lápida.

—Deja que te diga algo, Luca —dijo ella—. Tu rabia no te permite pensar en lo que tienes que hacer. Tendrías que meditar.

—¿Debería? No te burles de mí —dijo él—. ¿Acaso no he intentado ser amable esta noche?

—Quedemos el viernes a las nueve de la mañana. Te daré una clase gratis. Cuando te des cuenta de que te gusta, te puedes apuntar conmigo. Meditar va bien para cosas difíciles como la angustia o el miedo. Créeme, te sentirás relajado.

—¿Cómo puede ser una solución sentarse y no hacer nada? ¡Eso ya lo hago! Tu madre nunca recomendaría algo tan ridículo. Tenía muchas ideas.

—Recuerda que no soy un teléfono hacia ella. Siempre fui más fan del extremismo suicida de mi padre.

—¿Ah, sí?

—Mi madre le llamaba «insurreccionario» con razón. ¿No necesitamos tribunos y agitadores del proletariado? ¡Proteger a los pobres y explotados demuestra grandeza! Despotricas y decides ofenderte en lugar de escucharme.

–¿Escuchar tus chorradas? –Se levantó y señaló la habitación–. Mira este sitio...

–¿Qué le pasa?

–Está desordenado, hasta sucio. Aquí hay ceniza, y cera de una vela. Tu ropa está en el suelo, los vasos están sucios y no has vaciado las papeleras. Tú, que vienes de una familia decente, apenas puedes cuidar de ti misma. ¿Y no crees que estoy harto de ideas tontas? ¿Acaso no tienes la habilidad de hacer nada para aliviarte de tu condición?

–¿Como darte el email de mi madre?

–Ahora entiendo que encontrar a una buena compañera es un talento envidiable, hasta un tipo de genialidad. Tú y yo..., ninguno de los dos ha conseguido buenos matrimonios. Ni siquiera hijos, y estabilidad económica aún menos. Lo único que hacemos es aguantar. Esta es la nueva Europa: democracia, religión, cultura; se podría volver a caer fácilmente. Todos estamos en el filo de la navaja. El país se ha derrumbado. Pronto serán los chinos o los musulmanes los que nos gobiernen, alguien que crea de verdad, alguien con una intensidad apasionada. Tu padre..., él luchaba, creía.

–Pareces angustiado.

–Tenía un estado mental autoritario. Era imperturbable. Es una locura y es loable. Es...

–Cállate –dijo ella–. Ni se te ocurra decir nada de mi padre...

Él abrió la boca. Ella se levantó, tambaleándose, se recompuso un poco, dio un paso al frente y le pegó una bofetada.

Después de un rato él dijo:

–¿Le dirás a tu madre que me has pegado?

–No hablo con ella. –Se volvió a sentar–. Hace meses que no hablo con ella y no lo volveré a hacer hasta que se ponga en contacto conmigo, y quién sabe cuándo será eso. Cuando llegue el momento le preguntaré por ti, sí. –Continuó–: Fracasé. Fracasé en lo que escogí. Fracasé durante mucho tiempo. El fracaso fue bueno para mí. Encontré otra cosa. He empezado a dar clases de teatro y a enseñar a Shakespeare a niños.

–¿Lo entienden?

–Soy una optimista pesimista –dijo ella–. Intento darles un vocabulario y un lenguaje a la gente para que se exprese. Me encanta. Lo disfruto más que cualquier otra cosa. ¿A ti qué es lo que más te gusta? ¿Qué es lo que te encanta hacer? En serio, es lo único que importa. –Agitó el puño–. Mi década de los treinta ha sido algo agitada. Pero la de los cuarenta será un desmadre.

Él seguía frotándose la cara.

–Iré a meditación el viernes. Seguro que me ayuda –dijo él–. ¿Usas la habitación extra como aula?

Abrió un cajón y le dio una tarjeta.

–No. ¿Por qué lo preguntas? Aquí tienes la dirección.

Se la puso en el bolsillo.

–Gracias. Pero, dime, ¿alquilas esa habitación extra?

–Casi no es ni una habitación –dijo ella–. Ya le has echado un buen vistazo.

–Te podría ayudar con el alquiler. He servido a la cultura, a mi manera..., podría poner tus libros por orden alfabético. Volveré a cuidar de ti, Frida –dijo él.

–Tener compañía estaría bien. Pero creo que me compraré un gato. –Suspiró y dijo–: No te preocupes, Luca, habrá otros paraísos.

–No seas ridícula, ¿por qué iba a haberlos?

Se levantó y descorrió las cortinas. Empezaba a amanecer. Él se levantó y se puso junto a ella. Juntos miraron el parque al otro lado.

–Pronto abrirán el parque –dijo ella–. ¿Lo cruzarás? Te saludaré con la mano.

–Vale –dijo él, poniéndose la chaqueta y el sombrero–. Lo haré. Adiós.

Al cruzar el parque, estaba decidido a no girarse y mirar atrás porque ella no estaría ahí para saludar con la mano. Nadie era sincero; y, de todos modos, era imposible que él tuviera algo que ella necesitara. Pero, en la salida, paró y se giró. Pensó que tenía que hacerlo; pronto sería hora de enfrentarse a cosas importantes. Y ella estaba ahí porque sabía que él se giraría. Estaba de pie, haciendo sus ejercicios de respiración, supuso él. Y, antes de irse, le devolvió el saludo con la mano.

EL CORAZÓN DE LA BLANCURA
Al señor, con cariño, de E. R. Braithwaite

Yo no sabía que era de color hasta que fui al colegio. No fue hasta mucho después que supe lo que significaba. Los libros me ayudaron: en la Biblioteca Bromley, en 1970, a los dieciséis años –la época en que leía a Ian Fleming, el Santo, P. G. Wodehouse, James Baldwin y Mickey Spillane–, encontré *Al señor, con cariño.* Como niño medio indio, medio inglés que vivía en la periferia y no tenía vocabulario para describir su experiencia, esta novela de 1959 sobre un profesor negro en Cable Street del East End de Londres fue toda una revelación. Por fin había una manera de hablar de la raza y de lo que el racismo le podía hacer a alguien. Esto apenas había empezado como debate público en Gran Bretaña salvo por el lado negativo de gente como Enoch Powell, que en medio del deterioro y declive del Imperio británico trataba de recuperar la supremacía.

La franca y conmovedora historia de un guyanés culto en un colegio «libre» de estilo nuevo –un hombre en peregrinación hacia la blancura, la clase, el mestizaje y la sexualidad adolescente– me ayudó a ver lo que era posible para un escritor novato que abordaba un tema que apenas había sido mencionado por los artistas británicos. Al crecer en un ambiente de racismo casual y deliberado, al tener prohibida la entrada en varias casas, y con grupos fascistas como el British National Party a nuestro alrededor en Londres Sur, yo comenzaba a pensar en cómo iba a abordar estos temas a través de la literatura y empezar a escribir mi salida del rincón en el que estaba.

Con su alusión a Rosa Parks y a las primeras protestas en favor de los derechos civiles en Estados Unidos, la novela empieza con un insulto en un autobús en Londres. Una mujer se niega a sentarse al lado de un hombre negro por su color. Es un inicio muy claro para esa historia. Esa mujer quiere que el hombre sepa algo. No es solo que él esté deshumanizado para ella: ella podría, a fin de cuentas, ignorarlo, o, de hecho, no verlo en absoluto. Pero no lo hace. Él no es «invisible» como lo podría haber sido alguna vez. En su ensayo «Marrakech» (1939), George Orwell comenta: «Siempre cuesta creer que estás caminando entre seres humanos. Todos los imperios coloniales están fundados sobre este hecho. La gente tiene la cara marrón; además, ¡hay tantos! [...] ¿De verdad son de la misma carne que tú? ¿O solo son una masa indiferenciada de cosas marrones?»

Pero ahora, después del imperio y mientras Londres empieza a cambiar, el hombre negro está demasiado presente, y por eso la mujer se convierte en coercitiva. Insiste, en su negativa a compartir asiento con él, en que él se vea a sí mismo a través de sus ojos y sepa cuál es su lugar. El insulto no solo crea una necesaria distancia entre ellos –dejando claro que él es aborrecible para ella–, sino que nos dice que ella es superior a él y que eso le da el poder de hacerle daño. Podría traumatizarle repetidas veces si quisiera. En el momento del insulto él ya no tiene una identidad propia; solo existe tal como ella le ve. Ella cuen-

ta más que él y, como él es inferior, puede disfrutar humi-
llándolo. Y nosotros sabemos, mientras le mortifica, que
lo hace con placer.

Al señor, con cariño está cargada de humillaciones
como esa, y de los intentos de Ricky Braithwaite, el nuevo
profesor, de convivir con ellas. Tiene que hacerlo. Le encanta la idea de Gran Bretaña, aunque Gran Bretaña no le
quiera tanto como él creía. Braithwaite ha servido en la
RAF y ahora, después de la guerra, está desesperado por colocarse. Tiene el título de ingeniero eléctrico, pero por su
color ha sido incapaz de encontrar un trabajo. Le han rechazado en repetidas ocasiones y le han informado de que
los blancos no aceptarán a un negro en una posición de
autoridad.

Al señor, con cariño es una novela impactante por lo
intenso que es el deseo de humillar y degradar en los blancos. Braithwaite tiene que lidiar con ello todo el tiempo.
Como único personaje negro de importancia en la novela,
esta es la historia de un hombre que intenta no perder la
cabeza mientras conserva la calma; una lucha diaria que le
lleva a una horrible autorrestricción que le limita tanto
que es difícil saber si es un santo o un masoquista. Por
desgracia, tiene que ser bueno todo el tiempo por miedo a
caer en los clichés con los que le rodean los blancos.

El deseo de humillar y degradar no es solo un entretenimiento sádico y adictivo, aunque el libro tiene mucho de
eso. También es el deseo de conservar el poder: el poder
de la blancura, de la blancura como norma, como centro,
como la medida invisible de lo que tendría que ser una
persona para ser completamente aceptable. Esa idea de la
blancura empieza a decaer en la inmediata posguerra,
cuando el mundo empieza a llegar a Gran Bretaña, alte-
rándola para siempre. Pero en Londres, una ciudad devas-

tada por la guerra, no iba a ser fácil dejar los placeres del privilegio y el imperio. De ahí la idea de defender una idea ya muerta. El insulto es, por tanto, estructural e inequívocamente supremacista. Los negros, los asiáticos y tantos otros siempre se derivarán de manera secundaria, sin ninguna identidad propia. Son como nosotros, pero nunca lo suficiente. Están separados; no son auténticos, sino fracasos u «hombres mimo», malas copias del original. Su postura siempre es imposible, que es como les gusta que sea a los blancos.

Por supuesto que, como señala Ricky Braithwaite cuando le gastan bromas y lo acosan hasta el hartazgo, no tiene nada de natural esta idea de la blancura como medida suprema. Es una idea tan arbitraria y socialmente condicionada como cualquier otro ideal de moralidad. Los niños empiezan a entender esto porque Braithwaite, hasta cierto punto, bajo las descripciones de otros, se parece a los alumnos a los que trata de enseñar. El inmigrante, como el adolescente, poco a poco pierde su casa, su pasado, su seguridad y su estabilidad. Como a ellos, le han colocado afuera. Quiere que le asimilen, encontrar un lugar en el que vivir una vida fructífera, pero los blancos no lo permitirán: prefieren la fantasía del intruso negro o alienígena. Lo que sostiene los insultos raciales puede ser el deseo de una blancura inmaculada, de pureza y de un mundo sano en el que no exista la intrusión de las gratificaciones del otro. Pero hay otro sentido en el que el racista nunca quiere que acaben los placeres de la persecución.

Si los negros, de acuerdo con esta etiqueta, se consideran salvajes –incontrolados, avariciosos, ruidosos, hipersexualizados, dependientes y demás–, aquí hay una similitud con los niños a los que da clases Braithwaite. Weston, uno de los compañeros de Braithwaite, considera que su trabajo es «supervivencia», y los niños, apenas humanos. Pero si se les ha asignado un lugar, siempre existe el peligro de que escapen a su destino. Alguien, en alguna parte –mujeres, niños, desviados, negros, sujetos coloniales–, podría excitarse demasiado y habría que suprimirle. Como admitía Orwell cuando trabajaba de administrador colonial en Burma, para el que manda el factor clave es el mantenimiento del orden y «la larga lucha de la que no se debe reír».

De todos modos, a Alex Florian, el director de la novela, le gustan los niños y los considera individuos antes que una horda o masa. Sabe lo que ellos y sus padres han sufrido en la guerra y las penurias que pasan ahora. Braithwaite se basó en Alex Bloom para Florian, que fue el director que llevaba la moderna escuela secundaria en St. George-in-the-East, en Cable Street, donde E. R. Braithwaite dio clases. Bloom quería probar una manera diferente de interactuar con los niños. Influido por la obra de Freud y seguidores suyos como Melanie Klein y el psicoanalista infantil D. W. Winnicott, Bloom quería evitar el modelo dickensiano de disciplina, obediencia y castigo bajo el que habían estado sometidos los niños de la clase obrera inglesa durante tanto tiempo. Se humillaba a los niños por su propio bien; la caída de la autoridad es lo que más miedo daba, y por eso se tenía que mantener a toda costa. Pero con el nuevo pensamiento surgieron nuevas preguntas: ¿qué pasaría si los niños no representaran las incertidumbres de los adultos? ¿Si no se les veía como portadores de apetitos monstruosos e incontrolables que había que someter?

En *Al señor, con cariño* el profesor Ricky Braithwaite se da cuenta de que tiene que cambiar la actitud de los niños hacia él como negro antes de poder interactuar con ellos positivamente, antes de que pueda darse algo bueno. El miedo, la sumisión y el odio solo engendran caos. Es significativo que Ricky Braithwaite, pese a que Greenslade es un colegio progresista, no introduzca más libertad en la situación en la que se encuentra. Quiere más normas, insiste en el respeto y los modales, sabedor de que somos muy dependientes de la manera en que los otros nos hablan. Pide a los niños que lean, y les explica que están hechos y constreñidos por el lenguaje. Por eso importan los chistes y los insultos; ningún abuso es una «excepción» trivial. El insulto es violento, político y autoritario, parte de una visión colectiva a la que se puede oponer resistencia. La poesía, para él, proporciona mejores palabras para las cosas.

Al señor, con cariño es, en parte, un registro de dónde estábamos en Gran Bretaña al principio de los sesenta. Podemos ver, gracias a ese poderoso testimonio, lo que ha cambiado y lo que ha seguido igual. El lenguaje que se usa en la novela para hablar de extranjeros e inmigrantes es el que usan hoy los fascistas y fundamentalistas. No es ninguna sorpresa, aún somos gente a la que le encantar odiar, y nos molesta mucho lo que nos parece el placer del otro. Su felicidad es siempre mayor que la nuestra; por muy alegres que seamos, nos han traicionado, desprovisto y explotado. Nos estamos perdiendo algo que el otro, por pobre que sea, está disfrutando. ¿Y qué podría ser más intolerable que el éxtasis de los demás?

El insulto, que revela esa envidia, excluye el intercambio. La mujer del autobús y tantos otros personajes en la novela temen la igualdad. ¿Qué podría pasar si la gente se tratara directamente, sin una barrera de sumisión u opresión? Pero es precisamente porque la igualdad es impredecible por lo que resulta tan difícil, y más peligrosa aún que la desoladora constancia de la degradación. Nunca dejaremos de ser ambivalentes respecto al otro. Sabemos que pueden darse relaciones que valgan la pena, y que la igualdad hace que la diferencia sea posible.

Ricky Braithwaite sabe que él no ha creado el difícil mundo al que ha llegado, pero, a su manera, nunca deja de resistirse a su falta de vida. Sabe que puede resucitarlo con el lenguaje. La apariencia no es el destino si cambiamos nuestra manera de hablar. Y podemos encontrarnos a nosotros mismos en los libros, como me pasó a mí con este.

SOMOS LOS CONGUITOS DE OJOS GRANDES

En 1968 tenía catorce años y uno de los horrores de mi adolescencia fue Enoch Powell. Para un chico mestizo, ese fanático e inflexible expartidario de las colonias, con su discurso de gran guiñol sobre látigos, sangre, excretar, orinar y conguitos de ojos grandes, era un monstruoso hombre del saco. Recuerdo que mis tíos susurraban su nombre por miedo a que yo lo oyera por casualidad.

Crecí cerca del aeródromo de Biggin Hill, en Kent, a la sombra de la Segunda Guerra Mundial. Pasábamos por cráteres de bombas todos los días; mi abuela había sido «guarda de incendios» y hablaba del terror de los raids nocturnos de la Luftwaffe. Powell, con su nostalgia de profeta severo, sus ojos saltones y su bigote militar, nos recordaba a Hitler, y la patología de su creciente número de entusiastas pronto se volvió tan preocupante como sus declaraciones. Su nombre, en el colegio, no tardó en convertirse en una terrorífica palabra: Enoch. Igual que era un insulto, empezó a utilizarse con euforia. «Enoch se encargará de todos vosotros», y «Enoch no tardará en llamar a tu puerta, tío». «Toc, toc, soy Enoch», decía la gente al pasar. Los vecinos en los barrios residenciales de Londres empezaron a declarar, desafiantes, «nuestra familia está con Enoch». Aparecieron más skinheads.

Se dijo, después de que Powell planteara la idea de un Ministerio de la Repatriación, que a nosotros, «los descendientes», como llamaba él a los hijos de los inmigrantes, nos echarían. «Una política de repatriación asistida con pago de pasajes y becas es parte de la política oficial del Partido Conservador», declaró en 1968. A veces, despreocupado, me preguntaba cómo me iría en India o Pakistán, adonde nunca había ido, y si sería bienvenido. Pero otros decían que si habíamos nacido aquí, como yo, serían solo nuestros padres los que serían devueltos. Tendríamos, en ese caso, que defendernos a nosotros mismos, y nos imaginaba, una manada de podencos indeseados y sin padres, buscando comida en los bosques cercanos.

La repatriación, dijo Powell, «ayudaría a conseguir, con las mínimas fricciones, lo que sin duda debería ser el objetivo de todo el mundo: prevenir, en la medida en que aún sea posible, un problema racial mayor en la Gran Bretaña del año 2000». Estaba claro: si Gran Bretaña había perdido un imperio y aún no se había recuperado de la guerra, nuestra presencia añadida solo creaba más conflicto: indigencia, paro, prostitución y drogodependencia. Los blancos indígenas pronto serían una «minoría perseguida», o «extranjeros» en su propia tierra. Sería nuestro turno, es de suponer, de ser los perseguidores.

Powell, ese fantasma del imperio, no era solo un racista normal y corriente. Su influencia no era desdeñable; desplazó la política británica hacia la derecha y fijó la agenda que seguimos hoy. Los políticos atacan a las minorías cuando quieren impresionar al público con su dureza de «portadores de la verdad». Y la influencia de Powell llegó lejos. En 1976 –el año de «White Riot», de los Clash–, y ocho años después de los principales discursos de Powell, el gran Eric Clapton, uno de mis héroes, pidió a su público que votara a Powell para evitar que Gran Bretaña se convirtiera en una «colonia negra». Clapton dijo que «Gran Bretaña tendría que echar a los amarillos y los negratas», antes de repetir, a voz en grito, el eslogan del Frente Nacional: «Mantened Blanca Gran Bretaña.»

Powell, que era hijo único y de la clase media de Birmingham, socialmente inepto y reprimido, se había refugiado, la mayor parte de su vida, en los libros y la «erudición». Su mayor felicidad fue durante la guerra, cuando pasó tres años en India, en inteligencia militar. Fue embriagador. Como muchos británicos, amaba el imperio y la India colonial, donde podía escapar de sus padres y de las restricciones de Gran Bretaña, y pasar el tiempo con otros hombres. Muchos indios estaban intimidados por y eran serviles con los soldados británicos, como atestiguaba mi familia. Como muchos colonialistas, Powell tenía más poder y era más importante en India de lo que lo hubiera sido en Inglaterra. No es raro que fuera patriótico y creyera que ceder el imperio iba a ser un desastre. «Siempre fui tory e imperialista», dijo.

A su vuelta, en 1945, Powell se metió en política. Como los grandes a los que aspiraba a emular, empezó a ir a la iglesia y a la caza del zorro. Antes de sus discursos sobre la raza, era un obediente servidor del Estado, poco interesante, poco destacable y apenas conocido como político. Pero pronto, durante el consenso de posguerra, fue, de hecho, un protothatcheriano: un individualista y un defensor anti-Unión del libre mercado y de los bajos impuestos, con una visión utópica de un capitalismo no regulado en el que, milagrosamente, todo lo que necesitaba la gente lo proporcionaría la simple necesidad de sacar beneficio. Pronto, como dijo Thatcher, no habría otra alternativa.

Pero, en 1968, ese gran año de novedades, experimentación y esperanza, cuando la gente pensaba de nuevas maneras sobre la opresión, las relaciones y la igualdad, hubo un retorno terrible. Una extraña figura eduardiana surgió en la vida pública, y decidió convertirse en demagogo. Richard Crossman, en su diario de 1968, escribió con preocupación sobre la famosa atracción de Powell por «la opinión de las masas, por encima de nuestro Parlamento y del liderazgo de su partido».

Apelar a lo peor de las personas –su odio– es una manera garantizada de llamar su atención, pero también es fatal. En parte, como le gustaba hablar en oraciones completas, a Powell le llamaban astuto, y siempre estaba traduciendo a Heródoto. Pero no fue lo suficientemente listo como para evitar la tentación del populismo instantáneo, por el que intercambió su reputación. El racismo es un engañabobos, o, más bien, el crack de la política. Los setenta fueron tiempos peligrosos para la gente de color: el Frente Nacional era violento y estaba activo, sobre todo en Londres Sur, y que Powell atacara a los más vulnerables y desprotegidos, a los trabajadores que habían dejado sus casas para irse a Gran Bretaña, fue un sacrificio innoble. Powell elevó su fobia a una postura política, y no había vuelta atrás. Se convenció a sí mismo de que tenía un mensaje para la humanidad, y eran esta inmutable certeza y este sadismo, más que su contenido, los que indicaban su locura.

Como muchos racistas, Powell era nostálgico en sus fantasías: antes de tanta mezcla, hubo un tiempo de plenitud y claridad, cuando la britanicidad era fija y la gente sabía quién era. Powell se negó a permitir que sus certezas entraran en contacto con la realidad. Él había querido conocer la India, pero apenas se preocupó por Gran Bretaña, y, aparte de algunos fines de semana en Wolverhampton, vivió la mayor parte de su vida en Belgravia.

En contraste con las toscas caricaturas de la gente de color perpetradas por Powell, el escritor educado en Cambridge E. R. Braithwaite, nacido en Guyana, que sirvió en la RAF antes de convertirse en profesor en el East End porque no consiguió trabajo como ingeniero, escribe con todo detalle sobre la raza entre finales de los años cuarenta y mediados de los sesenta. Hay, en concreto, tres obras importantes que tratan de este periodo: *Al señor, con cariño, Reluctant Neighbours* y *Choice of Straws*. Si ser una persona requiere del reconocimiento del otro, aquí vemos su negativo. Un novelista valiente, con las cosas claras, nos cuenta sobre las humillaciones del día a día, los abusos y los comentarios a los que tuvo que enfrentarse la gente de color después de que la invitaran a trabajar en la sanidad pública y el sistema de transporte público. Para conseguir el futuro que querían, Gran Bretaña necesitaba a los mejores doctores, ingenieros, arquitectos, artistas y trabajadores de todo tipo, y, antes de insultarles, los importaba.

A Enoch Powell le gustaba quejarse de las viles «imputaciones e insinuaciones» que se le hacían. Le gustaba ser un mártir y una víctima. Braithwaite, por su parte, sí que sufría. Cataloga la sistémica y degradante exclusión del trabajo y la vivienda que tanto desilusionó a los inmigrantes con los británicos y su cháchara sobre la equidad, la libertad y la madre patria. Braithwaite describe la rabia y el odio que, inevitablemente, generan una humillación implacable, como ya hizo, en su momento, el colonialismo. Es probable que Powell intuyese la simple idea de que la tiranía crea resistencia, y entendiera que los conflictos del futuro estarían causados por la tiranía que él apoyaba, de ahí su apocalipticismo. Sin embargo, él no era humanamente capaz de entender eso, pese a no tener en cuenta a otra gente. La negación es el tópico político por excelencia.

Powell desarrolló su propio estilo profesoral. Siempre de negro, a veces con una larga casaca y, de vez en cuando, con su pequeño sombrero Homburg, era punky y subversivo, y disfrutaba haciendo enfadar a todo el mundo con sus provocaciones perfectamente calculadas, emitidas en el momento oportuno/equivocado. Y tuvo la cara dura de llamarnos «un montón de pólvora». No encajaba, pero sin duda le gustaba desorientar y traumatizarnos. Después de que hablara, estábamos en caída libre; no sabíamos dónde estábamos ni quiénes éramos. Powell quería confirmarnos como forasteros, ininteligibles e indeseados, pero eso nos ayudó a aclarar las cosas y a crear resistencia. De las provocaciones de Eric Clapton, por ejemplo, surgió Rock Against Racism, creado por artistas, músicos y activistas para combatir el fascismo. Luego estaban las políticas de la identidad. No éramos una simple nada; teníamos historias y, al contrario que él, teníamos futuros.

Powell estaba creando el problema del que decía ser la solución. Alienó y dividió a su partido en el proceso. Este hombre que no podía concebir, ni soportar, la idea de igualdad, pronto se vio apoyado por el Frente Nacional. Powell, de joven, se había definido como nietzscheano, pero Nietzsche hubiera odiado su apelación miserable a la masa o al «rebaño». Powell se dirigía a la chusma amargada, y, para un hombre tan quisquilloso, eso hubiera sido desagradable, y habría reparado en lo incapaz que es nuestra inteligencia a la hora de protegernos de las tentaciones de la autodestrucción.

Traicionó a sus seguidores, porque lo único que les dio fue la breve emoción de la superioridad y el odio. No cambió nada sustancial en el mundo, y el capitalismo salvaje y sin conciencia que se derivó de la visión económica que adaptó de Hayek creó riqueza para algunos, pero, por lo demás, no tenía en cuenta las casas ni los trabajos de los seguidores de Powell, ni las otras cosas que a él le importaban: tradición, fronteras nacionales, patriotismo o religión. En el mundo de Enoch, todo el mundo miraría por sí mismo; el egoísmo beneficiaría a todos.

Aunque Powell fuera atacado y condenado por estudiantes ahí donde pasara, no se preocupaba por pensar en los profundos cambios sociales que barrían el país mientras los jóvenes trataban de liberarse de los supuestos del pasado. Gran Bretaña no decaía, se estaba rehaciendo, pese a no saber cómo iba a acabar la historia.

Ahora, en Londres, si paseas por entre las multitudes una luminosa tarde de domingo en otoño, cerca de los museos y los muy decorados escaparates, hasta para los que llevamos años aquí, esta metrópolis multirracial −menos frenética que Nueva York, con más determinación que París, y con sus docenas de idiomas− no se parece a nada que se haya hecho antes. Y su belleza, multiplicidad y promesas cada vez están más ajetreadas, sobre todo para aquellos de nosotros que recordamos lo aburrida y sosa que podía parecer Londres en los setenta, especialmente los domingos.

Gran Bretaña sobrevivió a Powell y se convirtió en algo que él no hubiera podido imaginar. Cuando se trataba de creatividad humana, Powell no tenía imaginación. Era, en el fondo, un pesimista y le faltaba fe en la habilidad de la gente para cooperar entre ella, para colaborar y hacer alianzas. Las colisiones culturales a las que tanto temía son el lado bueno de la globalización. Las personas no se quieren las unas a las otras porque sean «lo mismo», y no siempre se matan porque sean diferentes. ¿Dónde, vamos a ver, empieza la diferencia? ¿Por qué tendría que empezar con la raza o el color?

El racismo es la forma más baja de esnobismo. Su lenguaje cambia: no hace mucho, la palabra «inmigrante» se convirtió en un insulto, un sustituto de «paqui» o «negrata». Seguimos siendo una obstrucción a la «unidad», y la gente como Powell, hombres de *ressentiments,* con sus profecías y deseos de humillar, irán volviendo para dividir y crear diferencias. El experimento neoliberal que empezó en los ochenta usa el racismo como entretenimiento depravado, como espectáculo secundario, mientras los ricos siguen acumulando. Pero todos somos migrantes de algún sitio, y, si recordamos eso, todos podríamos ir a alguna parte, juntos.

LA TIERRA DE LOS VIEJOS

¡Vaya alboroto! ¡Silencio!, susurro con fuerza a las voces femeninas y masculinas de la otra habitación. ¡No puedo oír, y no necesito que hagan de mí un cascarrabias!

En esta habitación donde me siento inclinado hacia delante en una dura silla, más concentrado que nunca, se está en silencio. Ahí dentro, con mi amo Raymond tumbado en una cama, están ocupados ahora mismo. Él trabaja, dando un millón de instrucciones a un personal que está de cháchara. Mientras tanto me siento, esforzándome por oír su voz. En un momento, cuando se canse, y se le ocurra de pronto que podría relajarse, soltará mi nombre y correré hacia él. Los otros se irán. Hoy, tal vez, dará su veredicto. Necesito oírlo. En ese momento se decidirá mi futuro. El mundo es complicado, pero esta pregunta no podría ser más sencilla.

¿Viviré o moriré?

Si está en esta casa, en lugar de en alguna de sus otras propiedades, el viejo me suele llamar a su habitación sobre esta hora. Me aseguro de que estoy limpio, perfumado y a punto. Estará tumbado en la cama, y lo primero que haré será masajearle los pies y las piernas, después el resto del cuerpo, sobre todo la cabeza, cosa que le encanta, antes de ofrecerle mi cuerpo para que lo bese, toque, penetre o azote con el látigo, lo que desee. A veces le gusta castigarme un poco, le entretiene, porque odia depender de mí.

Luego, cuando la culpa le vuelva amable, le satisfaré de una de las muchas habilidosas maneras que me he visto obligado a aprender. Soy un hombre flaco, paliducho y afeminado, con caderas estrechas y un caminar contoneante; mi polla es larga y estrecha, mi culo, como dos puños. Tengo cuarenta y pocos, quizá alguno más, no estoy muy seguro. Como nosotros «los jóvenes» no timamos a la muerte después de los cincuenta, salvo en contadas ocasiones —si somos brillantes, o estamos emparentados con los ricos o esponsorizados—, tengo que jugar mis cartas pronto. Llevo tiempo planeándolo. Mi sueño es que mi amo Raymond y mi ama Sabine me adopten. No os riáis: otros esclavos lo han hecho. Imagino cómo nos hacen una foto a los tres en las escaleras del edificio del gobierno. Más importante aún, tengo en la mano los papeles oficiales, y ahora puedo, y para siempre, envejecer a mi gusto, y, esto es importante, al gusto de otros. Mi ambición, la ambición de todo esclavo, es convertirme en uno de ellos. Unirme a los viejos, y tomarnos nuestro tiempo para recuperarnos del trauma de ser jóvenes.

Raymond es viejo y rico; no hace mucho celebramos su ciento quince cumpleaños. Sabe de sobra, después de que le informara —como quien no quiere la cosa pero de manera que no se olvidara de ello—, que uno de los mayores privilegios de un hombre de su riqueza y estatus serán los orgasmos fuertes y poderosos. Orgasmos de una intensidad y de una duración y plenitud oceánicas que los demás serán incapaces de conseguir, y en cuyas consecuencias se podrá regodear durante horas. También le convencí de que su excitación era su espiritualidad, y que estaba atrayendo la divinidad a través de él. ¿De qué serviría, después de todo, tener un negocio de tal magnitud, llevado por un personal enorme, si un verdulero o un conductor podrían tener tus orgasmos?

El deseo nunca muere. Como la vanidad, hasta puede sobrevivirnos. Puedes intentar negar el deseo; puedes intentar olvidarlo, o masturbarte. Pero no te puedes hacer el amor a ti mismo. Y ahí, como se suele decir, querida, es donde entro yo.

Raymond no está muy bien de salud. Tiene el pelo largo, delicado y teñido de negro, y un cuello débil; cuando está cansado, se le cae la cabeza. Tiene glaucoma y está perdiendo la vista; llenos de fluido, sus ojos parecen vagos, los párpados caídos. Eso aumenta mi indispensabilidad, y es un placer escribir y leer para él. Pero sigue tocando el bajo en su grupo, y aún vivirá otros quince años, como poco; otros, ahora, viven hasta los ciento treinta y cinco, y les sirven los jóvenes como yo, que no tardan en consumirse como esclavos. Los «viejos» –los que tienen más de cincuenta– tienen la mejor sanidad, los mejores medicamentos y prótesis. Se pueden permitir tantos entrenadores personales como quieran, pero yo ayudo a entrenar a mis amos todos los días: pesas, estiramientos, salir a correr y hasta boxeo.

Fuera es como un barrio marginal de Brasil, hace calor, hay ajetreo y es desgastador, mientras que aquí dentro no se oye ni una voz, ni se ve un alma. Si vas por la calle y ves a los locos y frustrados, pronto ves lo enfadado que está todo el mundo, y cómo parece que hayan cedido demasiado.

El dinero te compra espacio y paz. Como premio a mi lealtad, Sabine y Raymond me dejan usar la piscina de la casa; de lo contrario se queda semanas sin usar, las luces brillando eternamente sobre la inservible superficie cristalina. Lo mismo vale para la preciosa biblioteca de paneles de madera, con su inigualable colección. A menudo he sido la única persona que trabajaba ahí, desarrollando mi mente. Pero, al final, como todo lo demás, mi mente siempre les pertenecerá.

Tengo que admitir que aprendí con creciente interés y fascinación que muchas de las grandes obras de la literatura, por ejemplo *Edipo, Hamlet, Karamázov,* son, en su naturaleza, parricidas. ¿Quién no admitiría que hay que eliminar a los viejos para que florezcan los jóvenes? Ahí está en juego un asesinato necesario. De lo contrario, los jóvenes estarán atados para siempre a un cadáver putrefacto.

Mi pregunta es: ¿y si los viejos se niegan a salir o a moverse? Eso es fácil de imaginar. ¿Y si van más allá y eliminan a esos jóvenes? Algunos dicen que Dios nunca fue más feliz que cuando su hijo sufría en la cruz; estaba encantado hasta el delirio con el sacrificio de su patética descendencia incluso mientras el chico le llamaba. Otros hijos se convierten en terroristas suicidas por desesperada obediencia. He oído decir que las guerras están diseñadas como máquinas trituradoras para acabar con los jóvenes.

Aquí en la tierra de los viejos estamos atrapados en esta tensión. Nuestro miedo no es que la gente se muera, sino que nunca lo haga. Nunca nos libraremos de ellos. Algún día tendremos que destrozar esos huesos viejos que no se apartarán del camino. Pero eso no pasará hasta de aquí mucho tiempo, y no sin mucho sacrificio y mucha muerte.

La generación de Raymond y Sabine estaba considerada como una de las más brillantes, responsable de un resurgir revolucionario, creativo y fresco, en un tiempo afortunado en el que lo viejo estaba consumido y en las últimas. En la biblioteca aprendí que Raymond fue, durante un tiempo, un brillante publicista de sus productos; pronto vio que más que vender simplemente una cosa, te vendes a ti mismo. Una de sus brillantes pero sencillas ocurrencias fue usar eslóganes franceses de resistencia y libertad −«Tus deseos son la realidad»; «Bajo los adoquines, la playa»; «Prohibido prohibir»− y convertirlos en anuncios para las vacaciones. El simulacro de libertad era suficiente para muchos. Él les dio la sombra, no la cosa, ¿y cómo no iba a ser recompensado por ello?

Su generación ganó, floreciendo en las nuevas oportunidades del capitalismo. Poco después cerraron las carreteras para que nadie les pudiera seguir, y ahora no se soltarán. No tardaron en ver que sería buena idea esclavizar a los jóvenes, a quienes trataban con condescendencia, envidiaban y odiaban, y entonces, con algunas excepciones, empezaron a matarlos al llegar a los cincuenta. Eso, para ellos, casi no era ni asesinato, sino más bien aborto, por el que abogaban, para librar al mundo de los no del todo nacidos y deseados, de los que, decían ellos, no se podían permitir. De aquellos para los que no había sitio.

Abandonado por mis padres, vine a trabajar para Raymond y Sabine cuando tenía diez años. Estaba obligado a encontrar un lugar decente en el mundo al servirles mejor. Cuando Raymond me dicta su poesía, que es, al parecer, su mensaje, lo que le «devuelve» al mundo, la memorizo, incluso, y luego se la repito con una sonrisa. Veréis que cuanto más mala es una persona, más probable es que escriba poesía. Más que eso: como pueblo, sabes que estás en peligro cuando tus gobernantes quieren no solo tu obediencia, sino tu amor.

Hoy no está Sabine; prefiere quedarse en una de las propiedades del Caribe. Estoy envejeciendo, y no a gusto de todos, pero le enseñé a encariñarse de mis encantos, y he aprendido a superar mi asco por los suyos. Ella es grande y robusta, y encima ruidosa. Y cuando he acabado de amarla, le gusta que la bañen, la besen y le hablen. No hay nada tan bonito, ni tan lento, como observar a una mujer bañándose. Durante estas conversaciones he intentado decirle que quiero ser su hijo.

–Pero si ya eres mi hijo –dice ella, escupiendo su champán–. ¡Aunque, por suerte, no del todo!

He aprendido que le gusta que le hagan el amor los jóvenes de entre dieciocho y veinticinco años, y cuando no me quiere a mí, vago por la ciudad en busca de bellezas, de aquellos que saben que su única forma de ascender es servir a sus mayores.

Me quejo:

–Pero me tienes que adoptar, ama, para que pueda florecer. Para que pueda sobrevivir. Sé que te estás cansando de mí, pero puedo seguir escogiendo a los chicos más puros para tu deleite.

–No veo por qué tendríamos que mantenerte con vida –se ríe ella–. Dame dos motivos. No, tres, por favor, que son tiempos de flaqueza económica. Estoy segura de que sabes que nadie puede seguir viviendo simplemente porque sí. Todo el mundo tiene que demostrar su valía, y su habilidad para cuidar de sí mismo. El mundo se derrumbaría si tuviéramos a miles de millones de ancianos colapsando los hospitales. Solo pueden sobrevivir unos pocos. Hay que escoger con cuidado a los que pasen.

–¿Por qué son siempre los ricos?

–Porque han hecho mucho para crear nuestro nivel de vida. Ya lo sabes.

–Sí, lo sé.

Hablando de trabajo; me desgasta mantener estable el ánimo de Sabine. Está más amargada e irascible que Raymond, quien tiene muchas otras aventuras complicadas, dado que le interesan las mujeres en general, y hasta sus historias. Como llevan quince años juntos, mis amos ya no tienen nada que decirse, salvo por trabajo. Pero aún paso el rato con ella, mejorando su amor por mí. De lo que sí me percaté, hace algunos años, fue de que Sabine tiene lo que se dice «todo»: propiedades, joyas, poder, una vida larga. Pero le falta lo único que realmente uno puede querer: el fuego del amor, que te deseen con pasión. No hay remedio para la enfermedad del amor, excepto una boca rosada sobre la tuya, la plenitud del amor, halagos, chistes, y una bienvenida en los ojos del otro. Siendo un Olivier de *Boudoir* durante un tiempo, le he dado una aproximación a eso, y me he convertido en un camarada, incluso en un compañero. Así, como Jesús, también soy un terapeuta familiar, pero uno al que no le está permitido olvidar que cada vez que respira se lo debe a otro.

–¿Dónde estás, chico? ¡Venga! ¡Te espero!

Oigo la voz del amo. ¿Lleva rato llamándome? Me he perdido en mis pensamientos. Estará enfadado. Me levanto y corro hacia él. Abro la puerta.

–Por fin –dice–. ¿Dónde has estado?

Veo, para mi sorpresa, que en la esquina hay un joven lavándose las manos en la pica. Me pregunto si es uno de los nuevos amantes de mi amo. Si lo fuera, de todos modos, no iría vestido. Raymond siempre insiste en que sus amantes, ya sean mujeres u hombres, le atiendan desnudos, dado que un cuerpo deseable y extraordinario es, hoy por hoy, más un logro que una bendición.

Pero ese hombre, más joven que yo, y con el tipo de

belleza capaz de hacerte soñar, está vestido. Tengo que decir, sin vanidad, que parece una versión más joven de mí mismo. Se gira y ofrece una sonrisa suave. Entonces asiente con la cabeza a Raymond.

Miro a ese hombre, después a Raymond, y dos guardias enormes entran y me cogen por los brazos. Mientras me llevan afuera digo:

—Amo.

—Adiós —dice, saludando—. Por viejo que seas, la verdad siempre llega demasiado tarde. Adiós, y gracias.

UN ROBO: MI ESTAFADOR

Una multitud muda de infames arañas /
Acude para tender sus redes en el fondo de nuestros cerebros...

CHARLES BAUDELAIRE, *Les fleurs du mal*

Conocí a un hombre que le dio de comer un gusano a mi oreja, donde el gusano vivió más de un año y estuvo cómodo y empezó a devorar mi mente y comerse mi cerebro. Yo, colonizado e infectado, estaba ansioso y deprimido y, a veces, me sentía como un caparazón. Me tambaleaba como un moribundo e intentaba dormir todo lo que podía; estar despierto no era nada divertido. Entendí lo que era esconderse, negarse a uno mismo y la pasión por la ignorancia.

Lo sensato suele ser lo último que la gente quiere ver, pero, con el tiempo, la verdad aprieta hasta que tienes que abrir los ojos. Empecé a odiar a ese hombre, a quien acababa de conocer, pero que me había toreado, y, luego, engañado y robado. En un determinado momento parece que incluso se hizo pasar por mí. Después desapareció, pero sin dejar de llamar todos los días durante meses, con sus disculpas, ofertas de ayuda y locas promesas.

Vi que mi odio era tan grande que no solo me corrompía –arruinando mi visión del mundo hasta creer que ya solo era repugnante–, sino que, para mi sorpresa, por alguna misteriosa alquimia, se estaba convirtiendo en amor. Empezaba a amar a mi ladrón, un hombre al que

161

apenas conocía, pero en quien confiaba y hasta me gustaba, y quien se había llevado mis ahorros, entre otros crímenes. En un momento bajo llegué a llamarle cada hora. Me mostraba impaciente con los demás porque pensaba en él todo el rato. Me despertaba por la noche para pensar en él, y, cuando al final llamaba, mi corazón daba un salto. Me retiraba a una habitación tranquila para escuchar cada tono de su voz. Iría, llegué a pensar, a su casa para verlo en la intimidad. Me convertiría en su acosador.

Freud escribió que el amor implica el menosprecio de la realidad y la sobrevaloración del objeto deseado. Mientras que la idea de evaluar correctamente a una persona es una idea rara, si no imposible, podemos decir que Freud sugería algo así: por varios motivos, muchos de ellos masoquistas, nos involucramos con personas que no tienen manera de darnos lo que pedimos; podemos esperar tanto como queramos, pero no lo tienen, y un día, si soportamos abandonar nuestra fantasía y ver claramente, podremos enfrentarnos a la realidad. Intentaremos sentirnos realizados en otra parte, en un lugar donde nuestras necesidades puedan, al fin, verse cumplidas.

Cuando empezó este asunto, uno de mis representantes, el hombre que había recomendado a Chandler, me había contado lo cautivador que había sido Jeff en las reuniones. Astuto y decidido, Chandler había resuelto las cuentas de mi representante, así como las de la familia de mi representante. Chandler lo tenía todo controlado. Sabía lo que hacía. Todo el mundo se sentía a gusto en sus manos. Pero, hacia el final, cuando todo había salido mal, la verdad era que Chandler no tenía nada. Sin embargo, se mantuvo confiado, y le gustaba dar la impresión de tenerlo todo. O sostenía que pronto lo iba a tener: los fondos estaban de camino desde España o Suiza. Así que me lo estaba buscando, pero él sabía, y con el tiempo me di cuenta, que lo había perdido todo. Nunca volvería, y esa era una pérdida con la que tendría que aprender a vivir, sobre lo que tendría que pensar, que tendría que tratar de asimilar.

El pop y el teatro, mis primeros amores culturales, son, en contenido y forma, juegos de engaño, mentira y travesuras, donde no hay nada auténtico o verdadero tras esa fachada artificial, salvo el deseo de jugar y de ser otro. David Bowie sabía que el pop era un engaño; elevó y modificó todo lo que le interesaba. Siempre me ha fascinado la nefasta astucia de hipnotizadores, embaucadores, tahúres, charlatanes, estafadores, convencedores, mentirosos, bocazas, bígamos, tramposos y de los que se esconden; hombres que tenían tres familias viviendo en el mismo barrio sin que ellas lo supieran, otros que se hacían pasar por médicos, pilotos o nadadores olímpicos, o que escondían un pasado atroz como nazis. Me gusta pensar en el hombre que intentó vender la Torre Eiffel a un industrial convenciéndole de que tenía que usarse como sobras de metal. Pienso en agentes secretos, en cualquiera que haya convencido a alguien de algo, alguien que no tenga nada pero que pueda persuadir a otros, con palabras, de que lo tiene todo, o al menos algo deseable. El estafador es el que tiene la contraseña de tus esperanzas, el que toca el punto G de tus deseos. La honestidad y la franqueza son aburridas; el estafador te hace ver que la vida podría ser más gratificante de lo que es. Es el procurador de todos, el hechicero que conjura la fantasía en ti, la madre munífica que te llenará de cosas buenas, el que puede identificar lo que quieres antes de que tú lo veas. Uno no debería olvidar que el cuento de Hans Christian Andersen «El traje nuevo del

163

emperador» es la historia de una estafa que casi triunfa, de un par de tejedores que convencen al emperador de que es más de lo que es. La vanidad de él es su instrumento, y juegan con él hasta que queda expuesto y humillado.

Como muchos de nosotros, vengo de una familia de chulos, fantasiosos y bocazas, y yo mismo quería ser grande, en su momento; más grande de lo que era, de hecho. A veces creí que nosotros, los bocazas, jugábamos todos al mismo juego: ¿acaso un escritor no es una especie de estafador o alguien que embelesa, contando historias de su vida como Sherezade, atrayendo al otro en una conspiración de mentiras, convenciéndole de que gire la página y crea en chorradas?

Como es natural, me identificaba con el estafador y su omnipotencia sobre los demás, y no con sus víctimas. Pero en este caso yo era la víctima; yo era el seducido y abducido. Jeff Chandler se había servido de mi dinero, y me había robado más que eso: me había robado una conexión útil y orientadora con la realidad, que, cuando desapareció, me dejó desconsolado, desdichado, mareado y fuera de control. Me había ganado y rematado.

Pero mucho antes que eso, y antes de que aprendiera que los locos, hoy en día, se pueden disfrazar de expertos en dinero, había oído que nadie conoce a un contable cuerdo. Sin duda, uno de mis anteriores contables iba sucio, era casi incoherente y, al final, estaba lleno de manchas de pintura después de caerse, dijo, encima de una valla de camino a mi casa. Sin embargo, antes de ese derrumbe había sido una mezcla de insania, probidad, astucia e inteligencia elevada.

Por mi parte, yo era un buen burgués bohemio que siempre había tenido unos ingresos razonables y seguros. Creía que mi único deber era mantener a mis hijos, y por lo demás no me gustaba pensar en dinero. Como necesitaba un contable, un amigo muy amable me recomendó a alguien competente que conocía, pero que, para sacarse un dinero extra, se vestía de cuero y hacía de dominatrix por las noches. Podías archivar tus gastos y hacer que te pegaran con el látigo. Le di las gracias a mi amigo, pero pensé que, como el trabajo era relativamente simple, sería buena idea optar por la persona más recta que encontrase, un pilar de la comunidad. Y Jeff Chandler parecía honesto. La empresa de la que había sido socio durante diez años –llevaban setenta– era el colmo de la respetabilidad, con oficinas inteligentes y una clientela exitosa. Ese empleado de clase media baja sabría y seguiría las normas, para que yo las pudiera romper en mi imaginación. Esa era la idea. ¿Qué podía salir mal?

Fue un alivio cuando Jeff apareció en mi casa, con su aspecto competente, impávido y con todo bajo control. A veces, lo que uno quiere es certeza y unas guías, alguien que sepa lo que hace mejor que tú. Jeff no parecía un sobrado, como algunos. Y a mí me habían entrenado, de pequeño, para confiar; como escritor, escuchaba.

Cuando el estafador cruzó mi puerta por primera vez, vi a un hombre pequeño y regordete, con una voz aguda, a quien podía imaginar cantando con entusiasmo en un coro. Llevaba unos zapatos marrones de baja calidad y un traje mojado, y no tardó en informarme de que una de sus aficiones era coleccionar recuerdos de James Bond. Junto con su amor al thriller, llevaba las finanzas de varias iglesias: se encargaba de montar noches de trivial para recaudar fondos. Su iglesia congregacional de Essex apoyaba a otras iglesias parecidas en Albania. Así es como, al parecer, había conocido a su «prometida» albana, que es como siempre describía a la mujer con la que parecía tener algo. Superamable, de trato fácil y naturaleza antidogmática, Jeff me dijo que le podía llamar a cualquier hora. Y ciertamente él siempre llevaba puestos los auriculares del teléfono, murmurándole al micro hasta cuando entraba en mi casa y se sentaba en la mesa a la espera de que le trajese un poco de agua. Siempre estaba disponible, declaró, excepto los domingos por la mañana, cuando no debía llamar porque estaba con su familia en la iglesia. Era devoto y no bebía alcohol; ni siquiera la locura del té cruzó nunca sus labios.

Dijo que le llamaban más de cien veces al día. A veces trabajaba veintitrés horas seguidas. Cuando estaba ocupado, dormía solo los días alternos. Pensé: bueno, hay mucha locura heroica y maníaca por ahí, y la mayoría no es virulenta. Mira cómo la fluidez inquieta y el flujo de ideas pueden estar ligados, por ejemplo, al arte. Me gustaba; me fascinaba y hasta le tuve envidia, durante un tiempo. Por qué un artista tendría envidia de un contable puede parecer un misterio. Pero no hacer nada –una gran porción de tedio y ensoñaciones– es esencial para la actividad de un escritor. Qué maravilla ser como él, con un cerebro tan rápido y tan solicitado. Al tener tantas cosas que hacer y jugar con el dinero de manera tan competente, las horas debían pasar volando en un alboroto de materialismo terrenal. En comparación, nosotros, los artistas, no tenemos ninguna utilidad hasta que alguien nos la da.

Los artistas siempre son ambiguos sobre sí mismos, y más sobre la posición que ocupan en la sociedad. ¿Estamos dentro o fuera? ¿Tiene alguna utilidad social lo que hacemos? ¿Debería tenerla? ¿Estamos en el mundo del espectáculo o en mantenimiento? Igual que el sueño escapa a la

166

agencia utilitaria y la vigilancia de nuestro ser diario, y rebate la creencia de que podemos gobernarnos a nosotros mismos, la mayoría de los escritores verdaderos preferirían estar en lo que yo llamo el lado «Genet» de la balanza, con los criminales, ladrones y locos, antes que colocarse en la farsa y la falsedad de lo respetable. El arte viene del caos para hacer más caos. El artista, cuando puede, escapa a las restricciones de lo que ha hecho antes; tiene que hacerlo. Y yo, cada día, tenía que luchar contra el impulso de ser más convencional, de volver a lo fácil. Mis miedos me habían hecho estar demasiado a salvo.

La segunda vez que vino fue cuando Jeff hizo su jugada. Me dijo que la empresa, como anunciaba en su página web, hacía inversiones para sus clientes más distinguidos. Muchos de sus amigos, junto con algunos antiguos clientes, incluidos varios escritores (cuyos nombres le estaba prohibido revelar), invertían en un proyecto que llevaba para la empresa de contabilidad. La idea era recaudar doscientas mil libras para que alguien las usara como prueba de fondos. Lo único que tenía que hacer Jeff era guardar bien mi dinero durante ciento veinte días, antes de devolverlo con buenos intereses. Él sabía que lo había dejado con mi novia, y después con otra novia, y que tenía pendientes unos pagos del colegio. Ya no ganaba tanto como antes. Iba mal, había pasado mi momento, y los adelantos para libros y películas se habían desvanecido para todo el mundo. Los tipos de interés habían caído en picado, y la gente perdía el trabajo. Hay un abismo bajo la mayoría de nosotros, y a veces tu pie se sumerge en él, y entonces entiendes algo sobre lo catastrófico y la pérdida. La mayoría de mis contemporáneos, los que no se habían enriquecido en los buenos tiempos, daban clases. La academia se había convertido en nuestro patrón, un propósito como cualquier otro; apoyábamos a los alumnos, y la universidad nos daba tiempo para escribir.

Jeff ofrecía un interés elevado, pero eso era solo porque se trataba de un acuerdo a corto plazo, explicó, y yo tenía suerte de haberme podido unir tan tarde. Más de ciento veinte días después de mi primera inversión, Chandler pagó el interés que me debía. Le dejé el capital, y le ofrecí una porción más grande de dinero. Murmurándole, como siempre, al teléfono, me llevó en coche al banco para que lo sacara, los pies apenas le llegaban a los pedales de su enorme todoterreno, y el ordenador estaba bien aparcado en el salpicadero.

Si ese día parecía particularmente asustadizo y nervioso, lo achaqué a su vida frenética. Pero, volviendo la vista atrás, me doy cuenta de que sabía, en el momento en que le di el dinero, que me estaba engañando, que todo era mentira, y que ese dinero, que había guardado para la educación de mis hijos, estaba perdido. Pero no dijo nada, solo sonrió. Por entonces ya le había dado más de cien mil libras, que era el dinero que nunca devolvió, el dinero que robó, escondiéndolo por ahí o perdiéndolo ante otros timadores.

Resultó que eso no era lo más grave. Durante ese tiempo, la primavera de 2012, estuvimos haciendo negocios en una sociedad de préstamo inmobiliario que estaba cerca de mi casa. Jeff me ayudaba a «sacar más provecho» de mis cuentas. Me pidió que le diera mi carné de conducir, que era mi carné de identidad, para enseñárselo al ayudante que estaba en la caja. Debió de copiarlo, porque unos días después mi cuenta de la sociedad de préstamo inmobiliario estaba vacía: la habían saqueado. Estuve un par de semanas sin darme cuenta de eso, hasta que volví a la sociedad a sacar dinero y me encontré con que la cuenta había sido vaciada. Ese momento fue como si me pegaran con un ladrillo en la cara; me senté un rato con la cabeza entre las manos, tratando de ordenar los fragmentos de esta historia en una sola pieza. Supe, mucho más tarde, tras mucha confusión, que Jeff se había metido en una sucursal de la sociedad en Londres Norte, donde yo nunca había estado, y había enseñado alguna versión de mi carné de identidad, falsificado mi firma y salido con ochenta mil libras.

La tarde del descubrimiento, pese al estado de shock, algún instinto me hizo seguir con mis averiguaciones. Fui a las sucursales de algunas inmobiliarias que estaban cerca de donde vivía preguntando si tenían cuentas a mi nombre. Las primeras dos no tenían, pero resultó que la tercera sí. Cuando pregunté al respecto tuve la inquietante experiencia de que el encargado de la sucursal me preguntara si yo era el Hanif Kureishi «real» o un impostor.

–¿Cómo sabemos que eres tú? –dijo–. ¿Y no otro hombre?

–Tengo mi documentación –dije.

–Pero él también –contestó.

Por mucho que me guste darles vueltas a preguntas interesantes, y dejando a un lado el hecho de que el encargado de la sucursal se hubiera convertido en un filósofo de la epistemología, se habían apoderado de mí. Mi nombre le pertenecía a otro. Me había convertido en un don nadie, en un cero a la izquierda, mientras que Jeff se había convertido en mí. Después de rumiar sobre este intercambio tan vertiginoso, dije que un impostor no estaría tan enfadado, y no gritaría. Estaría nervioso, eso seguro. «Su firma es la misma que la tuya.» Empujó una copia encima de la mesa. No tenía ningún parecido con la mía. ¿Cómo podía demostrar que dos cosas bastante diferentes eran dos cosas bastante diferentes? La situación empeoró cuando resultó que Jeff también había dado una dirección falsa en Londres Sur. Comprobé el lugar; estaba muy cerca de la casa de mi infancia. Planeé ir ahí y encontrarme conmigo mismo, viviendo otra vida. Nos podrían presentar.

Pero aún no lo había pensado bien, y ni me había dado cuenta de que Jeff estaba metido en esto; no se me había ocurrido. Así que, después de cometerse este delito, enseguida llamé al criminal, a sabiendas de que me ayudaría. Y lo hizo. Jeff estaba muy enfadado con la sociedad inmobiliaria por haber entregado mi dinero con una firma falsa. Dijo que si tuviese más tiempo iría a la sociedad y les cantaría las cuarenta. Era evidente que las firmas no iban a coincidir. Era como el salvaje Oeste ahí afuera, dijo. Había, por lo menos, unos diez mil intentos de fraude en los bancos británicos, y muchos tenían éxito. Por suerte, la sociedad inmobiliaria se responsabilizó –al haber entregado mi dinero con demasiada facilidad–, y me devolvió el importe. Pasó un tiempo, de todos modos, antes de que le pudiese dar vueltas al asunto y ver que había sido el propio Jeff el que me había engañado, y después tratado de ayudar. Tendría que haber ido con Miss Latigazo, la dominatrix.

También durante este tiempo, cuando Jeff debió de estar tan ocupado y enfadado, cuando el ser que tal vez le dominaba y contenía parecía haber sido invadido por otro ser invencible y más siniestro –toda su energía e inteligencia dedicadas a un extremo latrocinio suicida–, Jeff intentó convencerme de que hipotecara mi casa. Eso le daría más fondos para sus «inversiones». Por suerte no accedí, porque un mes antes de que Jeff tuviera que devolverme el capital y el próximo tramo del interés, me llamaron los contables para decirme que le habían echado. Otro escritor notó que le faltaba dinero en la cuenta, y había avisado a la compañía, que, entonces, investigó el ordenador de Jeff. Resultó que Jeff había robado a la compañía de la que era socio, así como a unos cuantos amigos, organizaciones benéficas y clientes cuyo dinero había invertido en varios planes dudosos. Si quería saber qué estaba pasando, tendría que llamarlo, así que me dieron su número y su email, y colgaron el teléfono. Eso fue lo último que dijeron sus socios sobre el tema. El resto de las personas que trabajaban en la empresa negaron cualquier responsabilidad.

Se me ocurrió llamar a Jeff. Contestó y, como siempre, estaba disponible y charlador. Era un alivio que no hubiera desaparecido y que estuviera dispuesto a darme una explicación. Esa tarde vino a la cafetería del barrio y me dijo que había tenido dificultades con las inversiones. No le gustaba la palabra «robar», me dijo, puesto que nunca había pretendido quedarse el dinero. Había «movido» el dinero de la gente a medida que aparecían los huecos financieros a su alrededor. Había tomado prestado dinero de algunos clientes para pagar a otros. Mientras lo explicaba, también hablaba con otros clientes por teléfono; con otro teléfono estaba en internet, en eBay, donde intentaba vender su sofá, algunos cuadros, otras cosas del hogar, y, lo más difícil de todo, sus juguetes de James Bond. Le temblaban las manos, tenía la voz débil, casi no podía hablar.

En el gran cuento de Gabriel García Márquez «En este pueblo no hay ladrones», un ladrón irresponsable roba las bolas de billar de la única mesa de billar del bar, que es, más o menos, el único entretenimiento de ese pequeño pueblo lleno de moscas. A medida que se desarrolla la historia, vemos que ese robo provoca el caos; hay un tsunami de consecuencias involuntarias e impredecibles, de culpa, venganza y violencia. Hacia el final el ladrón intenta arreglarlo, pero eso también sale mal. Llega a pensar en la huida, como si tratara de huir de sí mismo, de tan nocivo que se ha vuelto, pero ¿adónde iría?

La situación se estaba volviendo peligrosa para Jeff, se amontonaban las recriminaciones, y unos días después huyó. Se fue a España, para esconderse de la rabia que estaba dirigida a él, o bien para intentar recuperar parte del dinero que había sido robado de una cuenta bancaria conjunta por un abogado que resultó ser un «timador», pese a que Jeff había hecho que le investigaran. Parecía como si Jeff hubiera creído que iba a ganar algo de dinero, pero hubiera caído en un nido de víboras, en un sumidero de ladrones. No es que me tuviera que preocupar por nada, dijo en una de sus llamadas diarias desde España. Uno de sus inversores más fiables le había dado algo de dinero para vivir mientras recuperaba lo robado. Ahora mismo estaba, me dijo, enfrente de la casa del timador que nos había robado el dinero. Podía ver a ese cabrón a través de la ventana. Jeff había seguido al hombre y se había enfrentado a él cuando fue a su oficina. El hombre, ahora, había corrido las cortinas y no salía de casa. Chandler estaba «acorralándolo». Jeff también había enviado, en secreto, a tipos duros para que amenazaran a varios grupos. Tampoco es que esa inversión española fuera la única que tenía en marcha. Había otra, en Suiza, que saldría después. No cabía duda, dijo, de que aparecería el dinero. Solo era cuestión de tiempo. ¿Qué había de malo en tener un poco de paciencia?

Empezó a llamarme con regularidad desde España, hasta dos veces al día. Cuando le contaba la angustia y el estado de shock que esta violación y estupidez nos habían causado a mi familia y a mí, y cuando dudaba del sentido

172

que tenían sus promesas, se disculpaba por lo que había hecho, diciendo que su única oportunidad era devolverle el dinero a todo el mundo. No iba a servir de nada que ninguno de nosotros contactara con la policía, dijo; no podría devolver el dinero si estaba en la cárcel. Le tenía que dar otra oportunidad; él sabía cómo arreglarlo. No había escogido el crimen como carrera, de lo contrario se habría largado a Albania, donde vivía la familia de su prometida, y donde podría, al menos, haber trabajado como contable. No; había dado un paso en falso porque el plan le había parecido demasiado bueno, y había invertido por nosotros. Y para sí mismo, claro. Aun así, todo iría bien; me devolvería el dinero «para el jueves». Se convirtió en un chiste en mi familia. Él era el «hombre del jueves». Pasaron muchos jueves, pero su vocecita chirriante siempre era optimista. El dinero aparecería «seguro». No tienen otra alternativa, decía. Es nuestro dinero. Con él era sí, sí, sí. Y así pasaron los días, las semanas, los meses.

No hablar con la policía era el único poder que tenía sobre él. Pero entonces me exhortó a compadecerle. Se había colocado, pude ver, en el centro de una red enorme de gente que dependía de él. Después de conseguir dinero de veinte de sus amigos, así como de miembros de su propia familia, toda esa gente afligida le estaba llamando; todos le pedían información, y él nos conectaba a todos, sentados en el centro del espejo roto de su vida, como un rey roto e incapaz, murmurando palabras sin sentido.

Aún había otra cosa. Una mañana, justo de antes de salir para España, Jeff había llamado para decir que no había seguido en contacto conmigo porque se había muerto la hermana de su madre y que había ido a otro funeral. Pronto me dijo que habían muerto dos de sus inversores y tres miembros de su familia. La madre de su prometida estaba al borde de la muerte. Caían como moscas; parecía ser consciente de estar matando a todo el mundo a su alrededor. Habíamos entrado en un desorden salvaje –el reino de la muerte, si no del asesinato– en su cabeza. Pero no solo me había robado a mí, y, en total, unos cuatro millones de libras de los demás; quería apoyo y consuelo. Lo tenía, también; me volqué en una orgía de ánimos. Qué mala suerte tenía, con tantos muertos a su alrededor, y qué mal año pasaba en este cementerio de fantasmas. ¿Yo podía hacer algo? Si alguna vez necesitaba hablar, ahí estaría yo. Cuando se me ocurrió ir a su casa y esperar afuera, observando sus movimientos y viendo cómo vivía, visualicé transmisiones de voyeurs desesperados y semiescondidos, que se miraban los unos a los otros mientras trataban de pasar inadvertidos.

Una vez, más tarde, cuando no podía dar con él y su teléfono estaba cortado en España por no pagar la factura, caí en una especie de locura rabiosa, y ya no sabía qué hacer conmigo mismo. Caminé, golpeé cosas y grité obscenidades; llegó un punto en que le llamaba cada cuarto de hora. Tenía que saber dónde estaba. Pero ¿quizá estaba demasiado ocupado consolando a todos los demás a los que había reducido a la misma condición?

No había nada sensual ni erótico en toda esa furia y desesperación. De hecho, te podía hacer pensar que en la vida no hay esperanza, y que no es más que una trampa. Pero por muy ridículo, vergonzoso y humillante que fuera, el juego no podía acabar. Eso era lo único que no podía pasar. Jeff era el amante del que siempre quería tener noticias y al que aún tenía más ganas de ver. Le suplicaba una «nueva mentira», y me la daba, y eran algunas de las mejores mentiras que había oído jamás. Nunca era soberbio, cruel ni burlón, sino que era claro y directo, como si entendiera que la mentira era la medicina que yo necesitaba con urgencia. Mientras esperaba eternamente a mi hombre, me acordé de un traficante de cocaína que tuve en los noventa, un loco paranoico y sudoroso, cuya posible llegada en un jadeante Rolls Royce, con un pitbull –una congestionada y violenta bola de amenazas que dejaba suelta por mi piso–, era recibida por mí como si fuera un gran acontecimiento, como el punto álgido del día. Le había dado a Jeff mis ahorros, ¿por qué no darle también mi tiempo, mi salud y mi vida? Normalmente, cuando uno piensa que está a salvo es cuando más en peligro está. Pero ya sabía lo fácil que es convertirse en un adicto a las catástrofes, y lo difícil que es abandonar los placeres violentos. ¿Qué me estaba pasando?

Hay un pasaje en *La gaya ciencia*, de Nietzsche, que dice: «Qué pasaría si un día un demonio se arrastrase detrás de ti y te dijera: "Esta vida, tal como la vives ahora y tal como la has vivido, la tendrás que revivir una y otra vez; y no habrá nada nuevo en ella, sino que todos los dolores y alegrías y cada pensamiento y suspiro volverán a ti, todo en la misma sucesión y secuencia. El eterno reloj de arena de la existencia se vuelve del revés, una y otra vez, y tú con él, una mota de polvo."» Y en *Así habló Zaratustra,* Nietzsche escribe: «El tiempo es un círculo. ¿Quieres esto muchas veces más?»

Empecé a preguntarme si me estaba metiendo otra vez en algo que reconocía. Venía de un suburbio de Londres Sur, y aunque Jeff tenía sus cuarenta y pocos y yo soy quince años mayor que él, al crecer en los sesenta en Londres Sur conocía a cantidad de maleantes y pícaros de posguerra que eran como él. La zona estaba llena de rateros listillos y desagradables y de comerciantes que chorizaban. El otro interés significativo de los jóvenes del extrarradio era la música. Muchas bandas hacían el trayecto más o menos corto hasta los suburbios, y muchos chicos empezaban a formar sus propios grupos. La música y el tráfico de drogas y el robo tenían una cosa en común, que era una especie de desafío a una autoridad muerta y la manufactura de lo excitante a través de la transgresión. Pero la música que escuchábamos y hacíamos, y la ropa y la creatividad que se derivaban de ella, estaban vivas y representaban un futuro, mientras que el robo era fútil. Pero no podía, en aquel entonces, distinguirlos siempre, y la locura de todo esto es que aún no había aprendido a hacerlo.

Chandler me dijo que le habían detenido en el avión cuando volvía de España. Eso le molestó y avergonzó delante de los otros pasajeros. «No iba a huir. No tenían por qué hacer eso», me dijo, lloriqueante. Parece que tampoco dijo mucho cuando lo interrogó la policía, y pronto estuvo bajo fianza. En navidades nos vimos un par de veces y seguía diciendo que el dinero estaba a punto de aparecer. No estaba contento con la policía. No le estaban dando la oportunidad de recuperar el dinero, y habían disgustado a su débil madre al mencionar la cárcel. ¿No podían ser más sensibles? Le pregunté cómo le iban los domingos, cómo se sentía al ir con su familia, en esas circunstancias, a la iglesia. Dijo que había sido difícil para todos –había habido «miradas»–, dado que ahora se sabía que había robado los fondos de la iglesia cuya custodia le habían confiado. Pero mostró mucho interés en que supiera que «Dios es un tipo que sabe perdonar».

–Entonces, vale –le dije.

–A muchos de los otros no se les devolverá el dinero, pero aún hay una salida para ti –dijo él, inclinándose hacia delante.

No es ninguna sorpresa que, para alguien tan aislado y que vive en su propia mente, hubiera laberintos y misteriosas complicaciones sin conclusión, con las que me confundía y aburría. Pero todo parecía reducirse a esto: aunque quería devolverme el dinero, como le había detenido la policía y no podía mover dinero en su nombre, yo tenía que abrirme una cuenta en Nevada o en las Islas del Canal. De esa manera el dinero no aparecería en mis extractos de cuenta. O podría, me dijo, ir a Suiza, sacar el dinero en efectivo y llevarlo a otro banco en una maleta. Me vi caminando por Ginebra con miles de euros en una bolsa, y aunque la idea me hacía reír, me pregunté cómo podían haber llegado a este punto las cosas, y qué pensarían mis hijos. Le dije que estaba a punto de comprarme el billete. Tenía ganas de ver Ginebra, incluso en invierno.

Ese día, en el café, examinando a ese peculiar Lucifer con sus zapatos cutres, mientras sus teléfonos zumbaban bajo las yemas de sus dedos, un hombre que anunciaba, con suficiencia, que se había perdonado, pensé en el enigma de la locura. ¿Cómo podía parecer tan despreocupado? ¿Cómo podía considerar que una catástrofe y la creación de tanta furia eran una dificultad local? Yo quería conocerlo, pero él no quería conocerse a sí mismo. Nada relacionado con su estado mental le preocupaba. Quizá sus acciones eran sus únicos pensamientos, y en su mente no había nada más. No es que no hubiera sufrimiento. Nos lo había causado a nosotros, sus víctimas, dejándonos asustados, deprimidos, furiosos, insomnes y culpables mientras él se mostraba despreocupado y animoso. No es que ese tipo de división no ocurra todo el tiempo. En este mundo hollywoodiense de héroes y villanos, el bien y el mal están separados; no hay confusión, sutileza ni ambigüedad. Y cuando, al final de la pieza de Hollywood, las dos antítesis se enfrentan y luchan a muerte, el bien siempre gana. Pero cuando el mal es una forma de bondad, cuando, pongamos, es inocente o altruista, ocurre algo que no se puede aprehender, llamémoslo imposibilidad. Y era esto lo que trataba de saber y, con el tiempo, desde donde quería escribir, o de donde quería salir escribiendo.

Jeff me dijo que llamaba a sus víctimas con frecuencia, para calmarlos y tenerlos informados, aunque uno de sus amigos del colegio, a quien había convencido para invertir sus ahorros, estaba a punto de perder la casa. Pero yo seguía sin aceptarlo cuando la gente en la que confiaba llamaba a Jeff un ladrón tóxico de poca monta. Jeff era un héroe por querer arreglar las cosas; hacía todo lo que podía; era consciente de que casi se había quedado sin oportunidades. Si a los idiotas se les eleva todo el tiempo a la categoría de dioses, Jeff al menos era mi idiota. No solo éramos amigos, yo seguía creyendo que me llevaría a la luz, y entonces sería libre y feliz. Pero ¿cómo es que la gente se te puede quedar metida dentro, como sueños que se niegan a revelar los secretos de su horror, y no te puedes despertar ni entender lo que ocurre? Empecé a replicar su comportamiento. Obsesionado como un maníaco con él, no podía dormir. Deseé que muriera, pero acabé deseando morir yo.

Mientras caminaba, pensando en él, me vino a la cabeza, después de un rato, dónde había visto antes algo así. ¿Jeff siempre había estado ahí? ¿En qué sentido él, o un hombre como él, había estado presente en mi vida? Y cuando no le utilizaba para deprimirme o atacarme, ¿qué utilidad podía tener? ¿Tendría que mirar su cara para siempre? Pues había, cuando podía parar a pensarlo, una eternidad de Jeffs, de, en su mayoría, hombres mayores cuyas historias había escuchado. Hay amigos a los que empiezas a odiar pese a que les quieres, pese a que te desgastan, y te niegas a ver lo cansino que es todo ello, el gasto que supone. Lo que emerge en esas amistades es lo mismo una y otra vez, hasta que las dos partes se vuelven sádicas. El final de una amistad significativa es doloroso, pero yo sigo creyendo en el futuro; los renacimientos son posibles: hay conversaciones donde se pueden decir y oír cosas nuevas.

Mi padre, nacido en Madrás, estaba entre los más jóvenes de una gran familia, la mayoría niños duros y competitivos. A los veintipocos vino a Londres desde Bombay para estudiar y empezar una vida nueva. Se casó con una inglesa, dejó la universidad y se aposentó en los suburbios, donde la tranquilidad y la cotidianidad le sentaban bien, y la gente le gustaba. Pero el trabajo de papá en la embajada paquistaní era aburrido y estaba mal pagado, y no tenía jubilación. Mi madre y yo le animamos a encontrar un trabajo mejor y llegó a plantearse el trabajar para la policía como funcionario. También se planteó trabajar como guardia de tráfico. Pero al final papá se negaba a cambiar. Él pensaba que valía más que todo eso: ese otro trabajo no era importante, porque pronto, imaginaba, iba a ser escritor. Tendría la clase y la dignidad que se merecía un artista. Pero hasta entonces teníamos que aportar los ánimos y el apoyo, manteniendo la fe. Se suponía que teníamos que ser fans y creyentes, y mantener al amo en su sitio. Nuestro amor y nuestra confianza le mantendrían a flote, como las plegarias de los fieles guardan a Dios del desánimo. Pasara lo que pasase, papá nunca nos podía decepcionar; ya aparecería lo bueno. Al fin y al cabo, es necesario creer en uno mismo, ¿no? Y uno, sin duda, ha de tener valor y no debe rendirse nunca.

Sin embargo, años después me di cuenta de que a mí, en particular, me habían persuadido. Había traicionado una postura más realista y reflexiva, y todo me salió mal. De alguna manera me había unido a un grupo de extorsión o a algún culto. Pasara lo que pasase, papá no se podía desencantar, ni probar la amargura del fracaso. Como discípulo e imitador, se había convertido en mi tarea ampararle de verdades que, por duras que fueran, le habrían hecho más imaginativo. Esa era mi ingenuidad; pero yo era joven, y de eso hacía un montón de tiempo: era antes de que pudiera reconocer lo importante que es la decepción, y mucho antes de aprender que los delirios de los otros les mantienen cuerdos, pero no tienen por qué hacer lo mismo con nosotros.

En muchos otros sentidos, mis compañeros y cohortes y aquellos un poco mayores que yo en los años sesenta y setenta, ahora propietarios maduros, éramos una generación de idiotas engañados. Nosotros, que habíamos denunciado a y desistido de varias autoridades, buscábamos nuevos maestros constantemente. Los amigos, y los de nuestro círculo, eran maoístas, estalinistas y trotskistas de diversa índole; otros conocidos eran seguidores de la Cienciología y grupos similares, como el EST (Erhard Seminars Training), a quienes demostraban una dedicación propia de un culto. Parece que los que tienen convicciones impresionan fácilmente a los que dudamos. Y lo crucial aquí es la actitud del creyente, más que la creencia en sí. Ya sea salvación política o científica, setenta y dos vírgenes esperando en el paraíso, un ejemplo particular de abuso ritual satánico o la idea de que uno tiene un mensaje crucial de liberación para el mundo, es ese estado de dogmatismo y certeza total lo que supone una amenaza. La idea de que al eliminar el objeto del delirio uno curará el delirio es en sí misma un delirio. Los delirios no valen nada; lo significativo es la actitud hacia ese material. Cualquier tonto puede creer que el sol saldrá mañana; hace falta cierto tipo de absurdo para creer en, digamos, la eficacia del celibato de por vida, el rezo o el cielo, o algún tipo de paraíso político, o para creer a un estafador. Es el absurdo de la creencia lo que hace que el compromiso con ella sea tan absolutamente necesario, y la intratabilidad de la convicción será inversamente proporcional a la insostenibilidad de la idea.

En mi caso, el absurdo sin duda había creado un compromiso. Yo y otros habíamos animado a Jeff como si hubiera fundado su propia religión. Pero fue a partir de ese compromiso con Jeff cuando se formó una pregunta en mi mente, una de las más importantes que hay. ¿Puede una persona enloquecer a otra, convenciéndola de que olvide lo que de verdad importa, derrumbando su mente para que vea la realidad torcida? Sin duda los adultos pueden volver locos a los niños, y los adultos se pueden volver locos los unos a los otros al crear en ellos conflictos aparentemente irresolubles, o para los que retraerse en el caos y la desintegración interior puede parecer el único remedio. Jeff parecía tener ese efecto en mí. Pero si mi cabeza estaba aparcada bajo la cama, tenía que preguntarme por mi papel a la hora de guardarla ahí. Era como si me hubiese unido voluntariamente a una secta y hubiese llegado a creer que mi sufrimiento merecía la pena y me llevaría, con el tiempo, al alivio y la felicidad. Llegué a creer que Jeff era la solución cuando era el problema, y que mi locura era lo único que me mantenía cuerdo.

A veces solo se puede llegar a alguna parte si cortas con la gente, si rompes los vínculos que te unen. ¿Cómo empiezas a hacer eso? Parecía como si Jeff ya no fuera una persona real de este mundo, sino, más bien, algo que me hubiera tragado pero no pudiera digerir. La gente se puede llegar a suicidar para quitarse de encima a un perseguidor demoníaco que tienen metido dentro.

La última vez que nos vimos, en una cafetería cerca de mi casa, Jeff no estaba en muy buen estado. Su prometida parecía haber desaparecido, y no quería saber nada de él ni de dónde había sacado tanto dinero. Algunos matones habían ido a su casa a amenazarle, y había tenido que llamar a la policía. Me pareció que su manía había cedido paso a la desintegración; su cuerpo se había rendido y no podía salir de la cama ni despertarse correctamente. Casi no podía respirar ni hablar. Le dije que ya hacía nueve meses que no aparecía mi dinero, y que iba a hacer una declaración a la policía. Pareció alarmado y me prometió que el lunes me daría «un poquito», y guiñó el ojo. Para demostrarlo —y quizás para guardar las apariencias—, me enseñó un extracto de cuenta por valor de cuarenta y tres millones de riales que pertenecían a un jeque de Dubái para el que había invertido.

Me reí y traté de sumarme a la amargura de sus desgracias diciéndole que había trabajado, durante poco tiempo, en una cárcel de mujeres, y aún recordaba los aullidos desesperados de las que se autolesionaban, y el tintineo de las llaves al girar en las cerraduras. Asintió con la cabeza y dijo que él ya no podría evitar «estar en la sombra». Sabía que la cárcel no le iba a gustar, sobre todo al ser claustrofóbico. Su voz se empezó a quebrar, y dijo que solo había robado dinero —o «tomado prestado», como prefería decir— cuando recibió una nota instándole a entregar trescientas cincuenta mil libras en su cuenta. Entonces es cuando empezó a mover el dinero, y todo enloqueció, como puede pasar cuando estás desesperado y te dejas llevar por el pánico. Lo visualizaba rodeado por aquellos a los que quería enriquecer; y sabía que le daba miedo que le encerraran, que lo devolvieran al lugar que más temía. El claustrofóbico desea su propio emparedamiento, y él ya había provocado que lo encerraran durante mucho tiempo.

Ahí tienes tu justicia, y, al ver cómo se alejaba ese contable obseso, blando y asexual, se me hacía evidente que el tiempo vale más que el dinero. Tardé un poco en darme cuenta. Chandler me había hecho un flaco favor al crearme la impresión de que el dinero era lo más importante del mundo, que era el mismísimo amor, la leche del paraíso, el medio que más importaba, que era más importante que las ideas, o que la poesía, o la amistad, o la conversación. Ese era el punto en el que el comunismo y el capitalismo se encontraban: donde el valor único era la forma más cruda de utilidad social.

Un día me liberé, por la mirada de pena en la cara de un buen amigo. Después de escucharme al menos por tercera vez, se puso firme.

–Ya ha sido suficiente –dijo–. Esto ha ido demasiado lejos. Déjalo ir.

–¿Ha ido demasiado lejos? ¿Estás seguro?

–Lo único que puedes hacer es expulsarlo escribiendo.

Se me hundió el corazón, y por instinto me resistí a aceptar una verdad tan terrible, una que era perjudicial e incómodamente liberadora, que me conectaba a lo que Henry James llamaba «el rostro cruel de la realidad». Al fin y al cabo, el vínculo masoquista es uno de los más fuertes que hay. Escogemos a nuestros opresores; les queremos como a nuestros padres. ¿No escribía La Boétie, en alguna parte, que «la libertad es la cosa por la que los hombres no sienten ningún deseo»? Vagabundeé un par de días como si me hubieran golpeado. Con el tiempo, me arrastré hasta mi mesilla. Quizá mi amigo tenía razón; quizá no quedaba más remedio que la ruptura de ese voluntario vínculo de servilismo, y una profunda reflexión. Jeff había agrandado mis miedos, haciéndolos, por momentos, enormes. Pero al menos podía ver lo que eran. Tenía que encontrar la manera de vivir alrededor de ellos.

Disipar toda bondad y crear cosas fútiles y sin sentido es un trabajo agotador. Nada de esta salvaje fantasía había sido bueno para Jeff, para mí o para nadie. Los artistas tienen imaginación, sus mentes pueden ir a cualquier parte, pero sus pies tienen que estar en el suelo, y sus palabras, ordenadas. En la medida en que era posible, tendría que ver a Jeff tal como era, y pensar en aquello en lo que yo le había convertido. Mantener vivas las cosas más importantes puede ser un trabajo duro, y todo el mundo se esconde de lo que más le importa. A la hora de escribir, probablemente sea cierto que la debilidad humana, en todas sus variantes, es el único tema, y yo ya había tenido suficiente de eso.

Empecé a escribir, lanzando pensamientos a medida que se me ocurrían, sin estar seguro, al empezar esta pieza, de que escribir fuera la cura que se cree que es. La escritura no es solo una forma indirecta y a larga distancia de comunicación, sino que ¿acaso no abre la herida antes de curarla?

De todos modos: solo no consigues nada; lo único que consigues solo es volver a donde estabas cuando eras niño. Escribir es una transacción adulta; siempre hay alguien ahí, un objetivo real, por así decirlo, de tus palabras, que tienen que ser abiertas y frescas. Las palabras son el material más fuerte que hay, y contar historias es un tipo de acción que cambia la realidad. Mi relación con Jeff no había muerto; peor, había sido muy activa en destruirnos y lo seguía siendo, con la complicidad y un poco de emoción perversa como único consuelo y recompensa. Para que yo encontrara otra manera de salir de esa dificultad tenía que acabar con mi adicción a la idea de que él cumpliría. La pérdida es el precio del saber: tendría que abandonar algo que en comparación era fácil por algo más difícil, perdiendo el derecho a las aceleraciones del amor y el odio por el ánimo relativamente decaído de la simple tristeza y aceptación. El arte, como las mejores conversaciones, reenmarca los conflictos, representándolos de maneras que permiten un pensamiento fresco, que generan historias más plausibles. Una tercera cosa, algo completamente nuevo, acabaría por surgir de la parálisis y la desesperación de esa dialéctica sucia y estúpida. Al fin y al cabo, me preguntaba, a quién pertenecía mi mente, ¿a mi padre, a mis hijos, a mi contable? ¿Cómo podía recuperarla? ¿Qué poder tenía sobre ella? Después de todo eso me pareció que tener una mente creativa y en paz era lo mejor que podía tener. Los más afortunados, parecía, eran los menos angustiados, y yo estaba muy lejos de eso.

La policía me había escrito sobre Jeff. Le estaban dando una oportunidad para que trajera el dinero, no contesté. Ahora, después de que mis esperanzas hubieran seguido su curso en vano, les llamé. Todos estaban al corriente de quién era Jeff, y habían recopilado material e información. Sin embargo, algunas víctimas no se habían encontrado o no habían querido mostrarse. Algunas eran demasiado ricas para darse cuenta o para enredarse. Muchos de esos mamones estaban comprensiblemente avergonzados; habían sido avaros y les habían seducido, y no podían admitirse a sí mismos ni a su familia lo que habían dejado que Jeff les hiciera. Algunos creían que no tenían pruebas suficientes como para procesarlo, y otros seguían ayudando a Chandler, encadenados a la ilusión, convencidos de que cumpliría, incapaces de librarse de él.

A principios de la primavera de 2013, más o menos un año después de que Jeff se volviera majara, vino un detective a tomarme declaración. El policía había ido a ver a Jeff hacía poco: vivía en un deprimente bungalow, lejos, en el Essex semirrural, con sus padres en un lugar destartalado en la otra punta del terreno. El policía lo llamó una comunidad atrasada, iglesística y semirrural, con muy poco que vender. La avaricia siempre era comprensible, dijo, pero el comportamiento de Chandler era inexplicable. A ese hombre le iba bien; había llegado lejos para venir de donde venía. Como socio de su empresa de contabilidad, sus ingresos ya de por sí elevados solo harían que crecer. ¿Por qué iba a sabotearse por una cantidad relativamente pequeña de un dinero tan turbio?

El policía dijo que Jeff parecía ingenuo. Mucha gente decía eso de él. Se habría dejado llevar por la chica albanesa a la que llamaba su prometida, y se habría gastado seis o siete mil libras en un fin de semana en el centro comercial de Westfield. Jeff se había comprado algunas propiedades en Albania, una peluquería, una pastelería y un restaurante, y las había puesto a su nombre. Jeff había sido una persona hábil e inteligente, y mucha gente se lo había dicho. Pero la inteligencia de la gente siempre tiene un horizonte, y, dado que es su destino, han de tenerlo en cuenta. Cosa que Jeff, con su omnipotencia de James Bond, no hacía. No había límites en el mundo del estafador, y quizá había llegado a creer que podía hacer cualquier cosa, robar y robar y sin embargo sentirse libre. Sin embargo, donde no hay prohibición no hay significado, y nada real es posible. Empezarías, imagino, a sentirte megalómano y desconectado. En realidad, en última instancia Jeff se engañaba a sí mismo, era un seductor que se había seducido a sí mismo, y un cazador cazado.

Cuando se descubrió la verdad, los compañeros de Jeff y sus antiguos amigos, gente que había trabajado más de diez años con él, a algunos de los cuales les había dado trabajo y a muchos de los cuales había robado, se dispersaron y huyeron de él. Desconcertados y aturdidos por su engaño, por todo lo que no sabían, negaron su responsabilidad en el desastre. No se habían dado cuenta de que era un loco. Esconderse detrás de abogados otorga a la gente una especie de autoridad, o poder simbólico, pero también revela lo débiles que son. Es como si llevaran una máscara de miedo, y cuando la arrancas debajo se ve el horrible miedo humano.

Me di cuenta de que lo que impacta de un crimen es no solo la violación de los límites, sino el conocimiento adquirido de lo insustanciales que eran esos límites desde un principio. ¿Por qué es, entonces, un alivio y una decepción cuando resulta que las autoridades, en las que nos apoyábamos y creíamos, son –y siempre fueron– insensatas, perversas y deshonestas?

Lejos de ser una excepción, un buen hombre que, inexplicablemente, se había torcido, Jeff era un monstruo creado por la empresa de contabilidad que él había ayudado a construir. Como excrecencia necesaria del sistema, personificaba el ideal thatcheriano a la perfección. Clase media baja, religioso, trabajador y hombre de familia que se motivaba a sí mismo, amaba el dinero más que a nada; un oportunista y un pendenciero corrupto, un ladrón encantador que no solo llegó a la cima de su profesión, sino que destruyó cuanto le rodeaba. Al final, por supuesto, las caídas y vaivenes maníacos del capitalismo bipolar se lo habían llevado también a él, pero al menos comprendí que lejos de ser un descastado, una excepción, el estafador, ladrón y mentiroso, el hombre con un tipo de interés exagerado, era la figura más representativa del dinero mundial. Un lunático en el centro de un sistema corrupto y en derrumbe, como el niño «loco» de una familia, él era su esencia, el síntoma que revelaba su verdad.

Puede que este enfoque sea correcto. También puede que no lo sea. Es una buena historia, convincente, y cualquiera sospecharía con razón ante tanta cohesión y todo lo que excluye. Así que una narración como esta lo más seguro es que sea irrelevante. Pero no podía parar de pensar en Jeff y en el tipo de persona que podría ser. Porque no era ningún Maquiavelo, tramando para conseguir ventajas, poder o riqueza; no estaba concentrado, ni era predecible o interpretable. Debe de ser raro no tener nada en ti que sea verdadero, así que quería saber lo que sería ser falso por los cuatro costados, un hombre al que podías mirar y no ver nada. Con el tiempo hablé de esta historia con amigos de la prensa y parte de ella se había hecho pública, aunque el comportamiento de los compañeros de Jeff en la empresa era desconcertante. Sin embargo, me aferré a este pensamiento: puede que me hayan robado el dinero, pero no podrán robarme mis palabras. Pero hasta después de eso, y después de que lo detuvieran pero no acusaran, oí que Jeff aún vendía inversiones y tejía historias, un novelista loco, ya puestos un realista mágico excelente, que no podía parar de inventarse cosas. Intenté ponerme en contacto con él para preguntarle qué se creía que estaba haciendo. No contestaba. Jeff no era un gran criminal dostoievskiano ni un poeta de la destrucción: no era verdaderamente egoísta ni salvaje a la hora de infringir los límites. No había ninguna libertad adicional en sus transgresiones impotentes; las normas seguían en su sitio. Lo que hacía era una forma de maldad aleatoria en su sentido más banal, pero acabó por dársele bien; sembró con éxito la ruina, la desesperación y la desesperanza. No todo el mundo puede soportar el hacer eso; no todo el mundo querría enfrentarse a sus consecuencias, cosechar tal cantidad de odio. Pero Jeff no tenía imaginación, y no llevaba a nadie a ninguna parte. Era un monstruo destructivo y sin ningún interés.

Aunque muchos perdieron cosas importantes, esto fue una tragedia menor. Pero puso nerviosa a la gente que se enteró. Vieron que se puede encontrar a cualquiera y robarle, por mucho que se defienda, porque todo el mundo depende de alguien, y siempre hay algo que no se puede conocer de los demás. Sin embargo, a mí me engañó un estafador, pero aprendí más sobre las mujeres de lo que sabía antes. Las mujeres estaban indignadas por la maldad; las mujeres se hicieron notar y me enseñaron a depender de ellas. Puedes ir de frente con una mujer y sabrá valorarlo. Las mujeres llamaron a la gente adecuada; escribieron cartas, hablaron las unas con las otras, y supieron qué hacer. Culparon a la gente correcta.

No es ninguna sorpresa que todos estamos hechizados por el crimen y la criminalidad. De niños nos enseñan todo el tiempo lo que es el bien y el mal y la moralidad; nos exhortan a la obediencia, y el desafío nos tienta. Se nos dice que seremos recompensados si nos portamos bien, pero pronto nos damos cuenta de que esas recompensas benefician a la autoridad más que a nosotros. A su vez, sexualizamos la desobediencia y nunca abandonamos sus pulsiones peligrosas. Eso hace que ser libre sea, más que fácil, difícil. Para los adultos, la mayor parte de la televisión, el cine, los periódicos o la ficción trata sobre detectives, delincuentes y castigos. Y con motivo. Ahí es donde pensamos en ser buenos o malos, y en cuál es el precio de cruzar la línea, y el costo, normalmente elevado, de la renuncia. Ahí es donde pensamos en la relación entre el placer y la felicidad, y entre el placer y su precio. Al fin y al cabo, la mayoría de las autoridades son expertas en el rechazo. ¿Dónde podemos aprender lo que de verdad es el placer, y quién nos lo enseñará?

La prometida de Jeff, o su deseo por ella, pudo ser el detonante, pero el mismo Jeff se había convertido ya en una pequeña bomba suicida, que destruyó a todo el mundo a su alrededor. Resultó que había robado a sus amigos –gente a la que conocía desde los once años–, a la iglesia a la que iban sus padres, a organizaciones benéficas, escritores, fondos de pensión, y por supuesto a sus compañeros en la empresa que había contribuido a levantar. El discurso que dio a las víctimas y las historias que contó, sus explicaciones serpenteantes cuando todo se vino abajo, eran las mismas. Surgieron conflictos dolorosos entre amigos y compañeros después de los crímenes de Jeff. La gente discutía, se traicionaba y se hundía. Yo grité a personas hasta que tuve que tumbarme. Jeff me enseñó, imagino, la necesidad del coraje y la exactitud en el habla. Donde había sido vago y evasivo, aprendí a ser preciso y pedir lo que necesitaba. Luego, cuando esta historia llegó a la prensa, me escribió mucha gente y muchos se escribieron entre sí. Algunos solo se ponían en contacto de manera anónima, y muchos escogieron sentirse avergonzados. La gente creía que, como habían fantaseado con la idea de ser más ricos, habían colaborado activamente en su propia caída. Era como si, para ese crimen menor de la avaricia, cada persona hubiera sido seducida, jodida, jodida otra vez y desechada. Sin embargo, algunas víctimas seguían defendiendo a Jeff, decían que era «inocente» o «ingenuo». Por supuesto, era esa fachada de ingenuidad lo que le hacía tan peligroso y convincente. Pero también había una parte de él que era ingenua de verdad. Puede ser que su inexperiencia sexual le hubiera hecho peligroso, porque no entendía lo que le estaba pasando cuando conoció a la mujer albana. Creyó que tenía que impresionarla. O dárselo todo. Recuerdo que la primera vez que le vi abrió la cartera para enseñarme una foto de la mujer a la que llamaba su prometida. La foto era borrosa pero pude ver que era, al menos, una mujer. Su acto parecía incongruente y pasado de moda. Creía que me estaba diciendo que el hombre de éxito es el que es amado. Ahora me doy cuenta de que era la cartera, y no la mujer, lo que quería que viera.

Ladrones de tiempo, ladrones de amistad, afecto y sexo, ladrones de tu alma, robadores de sueños: malos amores, y amores aún más malos. El baile de la muerte sadomasoquista, obsceno y perverso, los dos sellados en el limbo. Los podríamos llamar antiamores. La gente ama sus sufrimientos, y la mayoría de los robos son bienvenidos, al casi no poder esperar a que cojan lo que tiene más valor para ti; y no te das cuenta de muchos robos porque estás prestando atención a cosas equivocadas. Cuando por fin te das cuenta, puede ser un shock. El crepúsculo: se acaba el tiempo; tiene que haber un intento de arreglo: una liberación, o un renacimiento, que convierta la acción en creatividad renovada, en una locura mejor. La crueldad, sobre todo con uno mismo, es todo un arte.

Sé que estoy listo para algo fresco cuando quiero comprar libretas nuevas. Con docenas de páginas nuevas por llenar y hojear con anticipación, puedo empezar a creer que vuelvo a ser un escritor: el vacío de la página en blanco es una invitación y un límite para el desorden de mis ideas.

Mi talento, si se le puede llamar así, no me había abandonado. Podía escribir, estuviera o no distraído; me gustaba escribir y trabajaba más horas que antes. Me gusta despertarme pronto por la mañana y tener todo el día por delante para poder escribir sin interrupciones. Mi escritura se estaba desarrollando y cambiando, aun cuando otras cosas empeoraban al mantenerse iguales. Empecé a garabatear estos apuntes, y a preguntarme qué tipo de ladrón es el artista. Las cosas se habían vuelto demasiado predecibles en mi vida, y lo impredecible, al menos en la cabeza, es el motor de la creatividad. Sabía que necesitaba más imaginación. Liberarse de alguien es no tener la carga enervante de pensar en él: esa es una lección que nos puede enseñar el amor. ¿Cuándo fue la última vez que no tuve a este idiota correteando en mi mente? Me había convertido en alguien que no me gustaba, y durante un tiempo odiaba despertarme y ser yo mismo. Jeff me había robado el dinero, pero ¿qué más me había robado? Había ido muy lejos, según el policía, pero yo más, y más lejos que iría. Para ser feliz tuve que olvidar, y eso no es fácil.

Pensé: le robaré a él. Si le robaba algo a ese demonio y homúnculo, podría transformarle y rehacerle, le tendría acorralado. Si mi desesperación me había hecho preguntarme para qué servía el arte, al menos podía ver ahora que el arte es un Eros glorioso y unificador, que crea nuevas uniones. El arte, a veces, puede parecer algo loco, pero tienes límites y estructura; por fuerza. Donde no había nada habrá algo nuevo, un momento de luz, un aumento, una invención. Como artista te tienes que forzar a ver el mundo, y el mundo siempre es peor, y más interesante, de lo que puedas imaginar o representar.

FUENTES

«La anarquía y la imaginación» (como «Lo que no te enseñan en las escuelas de escritura creativa»): *Daily Telegraph* (2014); «El corredor»: *New Statesman* (2013); «El excremento de su padre: Franz Kafka y el poder del insecto»: *Critical Quarterly* (2014); «El arte de la distracción»: *New York Times* y *The Times* (2012); «Fines de semana y eternidades» (como «Elogio del adulterio»): *Guardian* (2013); «La puerta está cerrada»: *Red – Waterstones' Inaugural Anthology* (2012); «Esos misteriosos extranjeros: La nueva historia de los inmigrantes» (como «El migrante no tiene rostro, estatus ni historia»): *Guardian* (2014); «Somos los conguitos de ojos grandes» (como «Toc, toc, soy Enoch»), *Guardian* (2014).

ÍNDICE